学校が大好きになる！
小1プロブレムもスルッと解消！

1年生あそび

101

三好真史 著

学陽書房

はじめに

　小学校教育の中でも、1年生というのは「特別」です。
　幼稚園や保育園を経て、いよいよ「学校生活」が始まるのです。
　多くの子どもたちは、学校でどんな勉強ができるのか楽しみにしています。
　そして、「学校でうまくやっていけるのかな？」という不安も抱えています。

　学校生活に慣れつつ、新しい友だちとつながり、学校のルールを覚える。
　まだ文字の読み書きすらままならないような状態で、これらのことをやらねばならないのです。
　他学年と比較しても、特殊な学年であるということができるでしょう。

　1年生は、幼稚園・保育園と学校教育をつなぐ「架け橋の学年」でもあります。ここでギャップを感じさせてしまうと、「小1プロブレム」なる問題を引き起こしてしまいかねません。
　非常に重要な学年であるということができます。

　これまでに世に出ているアクティビティ集は、小学生全般をねらったものではあるものの、「1年生」には難しいものが多いと感じられました。

　そこで、1年生にも実践可能な、ルールがやさしく、たっぷり楽しめるあそびをまとめることにしました。
　「1年生あそび」を実践して、「幼稚園（保育園）で、やったことがある！」「勉強って楽しいな！」「小学校って、おもしろい！」と感じさせましょう。

　1年生の可能性は、無限大。
　義務教育のスタートをよりよいかたちで切ることができるよう、たくさんのあそびを用意しておきましょう！

contents

Introduction
1年生の指導で大切にしたいこと

Chapter 1
教師とつながる1年生あそび

Chapter 2
友だちと関わる1年生あそび

Chapter 3

マナー&ルールを身につける1年生あそび

言葉を覚える1年生あそび

Chapter 5
計算が大好きになる1年生あそび

Introduction

1年生の指導で
大切にしたいこと

・・・

小学1年生を担任するにあたり、
考慮しなければならないのは、幼児教育からの
「接続」です。幼稚園・保育園などにおいて、
子どもたちが受けてきたのは「幼児教育」です。
幼児教育から学校教育へ接続する役目を
果たすのが1年生なのです。
あそびについて考えるにあたり、幼児教育から
学校教育へ「つなぐ」意識をもちましょう。

幼児期の教育とあそび

　１年生を教えるにあたって考慮しなければならないのは、幼稚園・保育園との「接続」です。接続をはかるためには、幼稚園や保育園で育てられてきたことを捉えることが必要です。

　幼稚園・保育園などの幼児期の教育の本質は、「環境を通したあそび」にあります。

　幼児は、体全体で対象に向かい、夢中になってあそびます。

　そのとき、見たり触れたり感じたり考えたりすることで、五感を精一杯はたらかせます。

　あそびを通して、子どもたちは様々なことを考えます。

　「何をしてあそぶ」「誰とあそぶ」「いつからあそびを始める」「いつまであそぶ」「どんな材料や道具を用意するか?」「それはどこにあるのか?」「どれくらい必要なのか?」などというように。

　あそびが思考を深め、イメージや「学びの芽生え」を形成させていくのです。

　子どもたちは、失敗や試行錯誤を重ねながら、時間を忘れて没頭します。

　そのように没頭して「あそびこみ」ができる幼児は、児童期での教科学習にも主体的に関わることができるようになると考えられています。

　「あそびこみ」が、「学びこみ」へと移っていくのです。

　このように、幼児教育では、あそびや環境を通して幼児の発達や成長を促します。

　幼児期においては、思いやり、安定した情緒、自信、好奇心、自己抑制、自己発揮、協調性、がんばる力、持続力、集中力などを主眼におきながら、友だちと協力する、物事をあきらめずに挑戦するといった「これからの子どもたちに求められる学び」につながるものを育てています。

あそびで幼児期と児童期をつなぐ

　前述のように、幼児期においては、「あそび」が教育においての生命線です。

　一方で、小学校での「あそび」の扱いはどうでしょうか。

　小学校では教科書を通しての学習が中心となります。学ぶべきねらいや内容は学習指導要領によって定められています。1時限1時限が細分化されており、時間割や日課表、指導計画などをもとにして計画的に学習が進められていきます。ねらいや内容がスモールステップで積み上げられていく「学びの客観化」が特徴なのです。

　小学校においての「あそび」というのは、休み時間に行われるものであり、「あそびと学習はまったく異なるもの」と考えられることがあります。あそびは、単に「あそんでいるだけ」にしか見えず、「あそびの中に学びがある」とは考えにくいものです。小学校教育において重要なことは、教科書を中心とした教科学習だと考えるのが一般的なことなのです。

　こうして考えてみると、これまで幼児教育と小学校教育の間に段差があった原因は、「あそびの中の学びが見えにくい」ということにあったと考えられます。

　この違いにより、小学校に入学した子どもは、戸惑いや混乱を起こしてしまうことがあるのです。ときには不適応を起こしてしまい、いわゆる「小1プロブレム」に発展する場合もあります。幼児期から児童期にかけての段差を取り除き、幼児期と児童期をつなげ、なめらかに小学校生活をスタートできるようにすることが求められています。

　そこで、本書では「1年生あそび」を提案しています。

　幼児期から児童期への接続をスムーズにするためには、幼児期のあそびの中の学びを教科等の学びへとつなげることがカギになります。幼児期のあそびを引き継ぐようにして、1年生でもあそびを行うようにします。幼児期で大切にされてきたあそびに取り組みつつ、ルールやマナー、学習の楽しさを感じられるようにしていくのです。

　1年生あそびを用いて、幼稚園・保育園と小学校の教育課程がなめらかになるようにつないでいきましょう。

「何もできない1年生」は、教師の決めつけ

　一般的に、小学校の教師は「1年生はできないことが多く、世話を必要とする存在」と捉えがちです。

　しかし、子どもを小学校へ送り出す幼稚園・保育園の先生は、そう考えていません。

　入学してくる1年生は、園生活の中で、園の最年長として年少・年中のお世話やお手本になるなどの役割や責任を果たしてきたのです。そのような幼児に、幼稚園・保育園の先生方は「多くのことができるようになった」と、自信と誇りをもたせて小学校へ送り出しているのです。

　それを知らない小学校の教師は、「1年生はできないことが多い」と決めつけて迎え入れてしまうのです。

　「こうします」「ああします」と教えなければならないことは、確かにあります。

　でも、そんなことをしなくても、1年生は園生活の中で、体験や経験を通して身につけてきた力をもって、自ら考えたり、判断したりすることができるのです。

　そして、自主的に活動することもできるのです。

　実際、1年生の子どもたちは、お世話されたりすることを喜ぶよりも、自らやってみたいという気持ちのほうが強く、また、新しいことにどんどん挑戦しているときのほうがイキイキとしているものです。

　小学校教師が、園での子どもの育ちを知らないということは、小学校教育の中で、子どもたちが園で培ってきた力を発揮する機会を奪うことなのです。それは、子どものよりよい学びをだいなしにしてしまうことともいえます。

　教師が幼稚園・保育園での子どもの育ちを知り、育まれているものを大切にしましょう。これが、幼児教育と小学校教育の学びをなめらかに接続する1つの手立てとなることでしょう。

するべきことを具体的に言う

　1年生の指導で大切なのは、「するべきことを具体的に言う」ことです。

　例えば、あなたが生まれてはじめてテニスを習いに行ったとします。それなのに、インストラクターから「違う！」「何を聞いていたんだ！」「そんなこと、言ってないでしょう！？」「またそんなことをして！」などとダメ出しばかりを食らったとします。

　そんなテニス教室に、いつまでも通い続けたいと思うでしょうか。もう二度と足を運ばないことでしょう。

　1年生の子どもたちも、これと似たようなものです。

　子どもたちが日々大人から言われること、叱られることの大半は、生まれてまだ数年しかたっていないことによる経験不足によるものです。

　やり慣れていない、もしくはまだ十分に教わっていないことから起こるミスなのです。

　例えば、小学校生活では、子どもたちはおはじきなどの教材を勢いよく開けてしまうことがあります。そうすると、おはじきはバラバラに散らばってしまいます。

　これは、「勢いよく開けるとどうなるか？」ということへの経験と知識の不足により起こったのです。

　こういう場合は、するべきことを具体的に教えてあげればいいのです。

　「おはじきは、勢いよく開けると散らばります。ゆっくり、丁寧に開けましょう」というように。

　子どもは、その通りにします。

　1年生は、まだまだすべての経験が不足している時期なのです。教師の望むようには、なかなか動けません。「動かない」のではなくて、「動けない」のです。

　このように、些細なことで子どもを叱りつける必要はありません。

　子どもたちへ説明する際には、「するべきことを具体的に言う」ようにしましょう。

1年生あそびを行うポイント

　幼稚園や保育園で様々なことを学んできた1年生ですが、小学校では、分からないことも多いものです。1年生あそびをする際に気を付けたいポイントを押さえましょう。

①言葉＋動きで教える
　1年生は、言葉の理解に時間がかかる場合があります。そこで、どのあそびもはじめて行う場合は、言葉ではなく、まずは代表者の子どもと教師とでやって見せるのがいいでしょう。
　「○○というあそびをします。代表してやってくれる人はいますか?」
　こう尋ねて、代表の子どもを募り、その子どもとのやりとりを見せながらルールを解説します。あそびの動きを実際にやって見せながら説明します。

②練習時間を設ける
　クラス全体でやるようなあそびは、見本を見せるのが難しいことがあります。そういうときは、「まずは練習時間です」と言って、練習時間を設けます。ある程度ルールが分かってきたところで、「ここからが本番です」と始めるようにしましょう。

③強制しない
　ルールが理解できなかったり、気分がのらなかったりして、「やりたくない」と言う子どもがいます。そういうときは、「見ているだけでもいいよ。やりたくなったら言ってね」と伝えます。強制せず、子どもの意思を尊重しましょう。

④ゆっくり伝える
　ルール説明では、ゆっくりと話すようにします。特に、大切なことを伝える前には、間をあけるようにすると効果的です。「間違えると、……アウトになります」というように、1拍間を置いて伝えましょう。

⑤大事なことは、2度繰り返す
　大事なルールは、2度繰り返して伝えると、聞き逃すことが少なくなります。「間

違うと、アウトになります。……間違うと、アウトです」とすれば、1回目で聞き取れない子も、2回言われれば聞き取ることができます。

⑥一緒に取り組む

　特にルールの理解が遅い子どもには、あそびが始まってからすぐに側へつくようにします。「こうやってやるんだよ」と教え、大体の内容が理解できたところで離れます。

⑦シンプルなルールにする

　1年生の子どもは、まだ多くの言葉を覚えられていません。ルールが追加されればされるほど、楽しめなくなります。できるだけ簡単なルール設定であそびを行います。

⑧クラス全員が参加する

　あそびにうまく加わることができなければ、トラブルの原因ともなりかねません。特に、グループでのあそびは、一部の子どもだけが楽しんでしまいがちなものです。全員が参加できているかどうか、教師は全体へ目を配るように心がけましょう。

⑨やり過ぎない

　あそびの内容については、やり過ぎないようにします。子どもたちは「もう1回やりたい！」とせがむことがありますが、あまりにも続けてやってしまうと飽きてしまいます。すると、ほかの機会で同じあそびをしようとしたときに、「この間、やったから、もういい」と感じさせてしまうことがあります。子どもが「もう少しやりたい」と感じるところで終えるといいでしょう。

⑩たくさん行う

　時間がたっぷりあるのならば、短いあそびを少しずつ小分けにして行うのが望ましいでしょう。ルールを少しだけ変えれば、飽きずに楽しみ続けることができます。各項目の「ADVICE！」の欄には、紹介したあそびをアレンジした取り組み方を載せているものもあるので、それを参考にしてください。

ケンカは心の成長

　子どもは、よくケンカを起こします。

　特に1年生の子どもは、自分を中心に物事を捉える発達段階にあるため、互いの考えや要求が対立したときに、譲ったり調整したりするのが難しいのです。ある意味、やむを得ないことです。

　一方的な捉え方しかできないことを、「わがまま」とか「自己中心的」とひとくくりにして叱るのではなく、視野を広げ、状況を俯瞰できるような経験を積ませることが大切です。

　ケンカは悪いことばかりではありません。

　ケンカをすることにより、次の3つの学びが得られます。

---

❶自己と他者の違いに気付く

　幼児期には、自分と同じようにほかの人も考えているものだと思いがちです。ケンカを通じて、「自分はこう思っていたけれど、あの子は違ったのかもしれないな」など、他者の考えや立場を考慮できるようになっていきます。

❷感情を制御できるようになる

　自己主張をするばかりではなく、相手に譲ったり、感情を抑えたりすることを学んでいきます。

❸コミュニケーション能力が発達する

　ぶつかり合うことから、「どうすれば相手に自分の気持ちを伝えられるのか」「相手との関係を保つにはどうしたらいいのか」などを学びます。

　ケンカを通じて、子どもは学びを得るのです。友だちの気持ちを考えて我慢したり、感情を抑えたりすることを少しずつ学んでいきます。これは、「脱自己中心化」と呼ばれています。保護者の中には、ケンカばかりしている子どもを心配する方もおられます。上記のようなことを話せば、安心を覚えてくれることでしょう。

Chapter
1

教師とつながる
1年生あそび

1年生の子どもは、
教師とのつながりをもつことが大切です。
まずは、楽しいあそびを通じて、
関係づくりを行いましょう。

後から出して、勝ってみよう！
1 後出しジャンケン
ねらい 教師の動きをよく見るようになる

❶後出しジャンケンを練習する

 ジャンケンをやりましょう。ただし、ふつうのジャンケンではありません。「後出しジャンケン」です。「後出しジャンケンジャンケンポンポン」のタイミングで出します。みんなは、2回目のポンで手を出します。
先生に勝ってみましょう。後出しジャンケンジャンケンポンポン！

後出しジャンケンジャンケンポンポン！

ポン！

 ポン！　やった～、勝てた！

 全員起立。
失敗したら座りましょう。

❷ジャンケンに負けるようにする

アイコになりましょう。
後出しジャンケン
ジャンケンポンポン！

ポン！　あ～、間違えちゃった！

 では、今度は、アイコになりましょう。

 同じ手を出せばいいんだね！

 後出しジャンケン
ジャンケンポンポン！

 ポン！　あ～、間違えちゃった！

 （5回程度活動後）今度は、先生に負けましょう。
例えば、先生がパーを出したらみんなはグーを出すのです。

 難しそうだな。やってみたい！

 ADVICE！ ・「負けます」の指示がもっとも難しいです。ゆっくりと回数を重ねた上で進めるようにするといいでしょう。

入学式あそび②

2 動物になりきって、なき声をあげよう！
ないたないた
ねらい 教師の指示を聞き取り、反応を返す

❶なき声を出す

 なき声のあそびをします。ネコがなくときは、どのようになきますか？

 「ニャーニャー」です。

 では、「ネコ」と言われたら、「ニャーニャーニャー」と返しましょう。
「犬がないた」の後は、「ワンワンワン」と答えてくださいね。「なーいたないた」と先生が言ったら、「なーにがないた」と答えてください。なーいたないた！

なーにがないた！
ネーコがないた！
ニャーニャーニャー！

 なーにがないた！　　 ネーコがないた！

 ニャーニャーニャー！

❷いろいろな呼び方をする

 いろいろな呼び方を考えてみましょう。カラスだったら？

 カーカーカー！　　 ブタだったら？　　 ブーブーブー！

 では、やってみましょう。なーいたないた！

 なーにがないた！　　 カラスがないた！

 カーカーカー！

なーにがないた！
カラスがないた！
カーカーカー！

 （活動後）一度も間違えなかった人は、いますか？（挙手）わあ、すごいですね！

ADVICE!　・牛「モーモーモー」、ライオン「ガオガオガオ」など、3〜4つくらいの動きを
定めて、何度も繰り返して行いましょう。

Chapter 1　教師とつながる1年生あそび　　**19**

3 先生が言いました
言葉に気を付けて、体を動かそう！

ねらい 教師の言葉を聞き、正しく動けるようになる

❶教師の言葉を聞き取り、動く

「先生が言いました」と言います。その後のことをやってみましょう。
まず練習します。
先生が言いました。右手を挙げましょう。
先生が言いました。左手を挙げましょう。
両手を下ろしましょう。……今、下ろした人はアウトです。

しまった〜。

「先生が言いました」と
言っていないからです。

先生が言いました。
右手を挙げましょう

❷間違えないように行動する

先生が言いました。全員、
立ちます。間違えた人は座
りましょう。
先生が言いました。両手を
挙げましょう。
先生が言いました。ジャン
プしましょう。
両手を下ろしましょう。
……今、下ろした人はアウ
トです。

わ〜！ やっちゃった〜！

両手を下ろしましょう。
……今、下ろした人は
アウトです

わ〜！
やっちゃった〜！

ADVICE!
・「先生の言葉を聞く」ためのあそびとして最適です。入学式以外でも、春先
のちょっとしたスキマ時間などで取り組むといいでしょう。
・動作はほかに、「しゃがむ」「立つ」「天井を見る」「下を見る」「フラダン
スを踊る」「格好いいポーズをする」「ピースをする」「笑う」「怒る」などが
あります。

入学式あそび④

4 あるものとないものを判断しよう！
あるあるあそび

ねらい 教師の言葉を聞き取り、間違えないように反応する

❶パン屋さんにあるものに反応する

 ものの名前を言います。パン屋さんにあるものだったら、「あるある」と答えます。ないものだったら、「ないない」と言いましょう。間違えたらアウトです。メロンパン。

あるある。

食パン。

あるある。

メロンパン

あるある

❷間違えないように気を付けて復唱する

アンパン。　　　　あるある。

クリームパン。　　あるある。

Gパン。

あるある……。

Gパンは、ないよ！

今、「あるある」と言った人は、アウトー！

Gパン

あるある……

Gパンは、ないよ！

ADVICE！
- パンの種類は「ソーセージパン」「チョコレートパン」「ピザパン」「カレーパン」など。間違い例としては、「ピーターパン」「フライパン」「パンツ」「短パン」も出すことができます。
- 「八百屋さんにあるもの」というお題でも行うことができます。

5 どっち、どっち、どっちかな？

どっちに持っているか当ててみよう！

ねらい 教師の動きを見て、反応を返す

❶磁石を持ち替える

 どっち、どっち、どっちかな？　こっちかな？　こっちかな？　さん、はい！

 こっちー！

 正解は……こっち！

 ああ、間違えちゃった〜。

❷だんだん難しくする

 じゃあ、次の問題。（磁石を持ち替える）
どっち、どっち、どっちかな？　こっちかな？　こっちかな？　さん、はい！

 こっちー！

 正解は……こっち！

 やった〜！

 全部正解できた人？

  は〜い！

ADVICE！　・反対側の手に渡したフリをすると、難易度が上がります。子どもたちは、目をまん丸にして驚くことでしょう。

顔の形で、いざ、ジャンケン！
かおかおジャンケン
ねらい 教師とジャンケンを楽しむ

❶教師と顔ジャンケンで勝負する

 顔を使って先生とジャンケンをします。
これが、グー。これが、チョキ。これが、パーです。
では、「かおかおジャンケンジャンケンポン！」と言って始めましょう。

 かおかおジャンケンジャンケンポン！

 勝てた人？

 ハーイ！

 やるね〜！

グー

チョキ

パー

❷勝ち抜き戦で友だちと顔ジャンケンで勝負する

 では、今度は勝ち抜き戦にします。
5回行います。何回勝つことができるかな？
かおかおジャンケンジャンケンポン！

 やった〜！　勝てた！

 （活動後）全部勝つことができた人はいますか？
（挙手）すごい！　大きな拍手を送りましょう！

 かおかおジャンケン
ジャンケンポン！

やった〜！　勝てた！

ADVICE!　・先生との対戦に慣れてきたら、友だちとペアになって勝負を行います。

先生と同じ動きをしたらダメ！

7 ウーポン

ねらい 教師の動きを見て、違う動きができるように心がける

❶ウーポンで勝負をする

握りこぶしを2つつなげて、天狗のように鼻の前に当てます。
先生が「ウー、ポン！」と言って手を動かします。手は、おでこか、左のほっぺか、右のほっぺか、あごに動かします。先生の動かしたところと、自分の動かしたところが同じになってしまうとアウトです。
練習しましょう。ウー……ポン！

やった〜！

ウー………

❷立ち上がって行う

それでは、ここからが本番です。立ちましょう。
アウトになったら座ります。ウー……ポン！

よし！

わ〜、しまった！

（活動後）
最後まで間違わなかった人に、
拍手を送りましょう！

ポン！

よし！

わ〜、
しまった！

ADVICE！   ・「ウー……」の部分をじらすほど、子どもたちが集中して取り組むようになります。

母音を聞いて、言葉を当てよう！

8 母音言葉当てっこ

ねらい 教師の発する言葉に注意を向けさせる

❶母音だけで指示を出す

 「あいうえお」だけで、ある言葉を言います。それが何なのかを当ててみましょう。
「おうあん」。
何と言っているでしょうか？

 「こくばん」？

正解です！

「おうあん」
「こくばん」？

❷徐々に難しくする

 では、だんだん難しくなりますよ。分かるかな？
「ういおう」。

 何だろう？

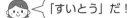 「すいとう」だ！

 正解です！

「ういおう」
何だろう？
「すいとう」だ！

ADVICE! ・分かってきたところで、友だち同士で行うようにはたらきかけます。

9

3つのヒントを聞いて、何なのかを当てよう！

3つのヒントで、これなーんだ？

ねらい 教師の言葉を聞いて、答えを考える

❶3つのヒントの問題を出す

3つのヒントを出しますよ。これが何か分かるかな？
ヒント1、教室にあります。ヒント2、白と黒があります。ヒント3、針があります。
これ、なーんだ？

分かった！　時計？

正解です！

❷難しい問題を出題する

では、もっと難しい問題を出します。ヒント1、白いです。ヒント2、棒のような形をしています。ヒント3、ものを書くことができます。
これ、なーんだ？

何だろう？

チョークだ！

正解！　よく分かりましたね！

ADVICE！　・「色」「形」「使い方」というように、答えが分かりにくいところから出題するのがポイントです。

10 先生の動きをまねっこしよう！ ピヨピヨさん！

ねらい 教師と同じ動きをして一体感を楽しむ

❶ 教師の動きをまねする

 「ピヨピヨさん！」と言いますので、「何ですか？」と返してください。その後、「こんなことこんなことできますか？」と言うので、「こんなことこんなことできますよ！」と答えてください。言いながら、先生とまったく同じ動きをしてくださいね。ピヨピヨさん！

 何ですか？

 こんなことこんなことできますか？

 こんなことこんなことできますよ！

 できた人？

 はーい！

ピヨピヨさん！

何ですか？

❷ 大きな動きを加える

 じゃあ、もっと難しい動きをやるよ。ピヨピヨさん！

 何ですか？

 こんなことこんなことできますか？

 こんなことこんなことできますよ。わ〜、難しい……。

こんなことこんなことできますか？

こんなことこんなことできますよ！

ADVICE！
・徐々にスピードアップします。
・おもしろおかしいポーズを組み合わせて、子どもたちの心を解放させていきましょう。

何の果物かを考えよう！

11 拍手の言葉

ねらい 教師の動きに注目して考える

❶手拍子をして、何を表しているかを当てる

 先生が手拍子をします。ある言葉を表しています。
例えば、このように……パパン。（手をたたく）
今のは、「みかん」を表しています。
テーマは、果物です。当てることができるでしょうか？
パパパンパパ。

 「パイナップル」？

 正解です！

❷テーマを変えて行う

 今度は、野菜です。パパパパン。

 何かな？

 「ニンジン」です！

 おしい！

 「ジャガイモ」?!

 正解です！

ADVICE！ ・テーマは、「動物」「野菜」「果物」「恐竜の名前」などがおすすめです。

目を閉じて立ち続けられるかな？

12 目つぶり立ち

ねらい 目を閉じて、1つの動作に集中する

❶目を閉じて立つ

目を閉じて立ちます。30秒間耐えられるでしょうか？
足をついてしまったら、アウトです。席に座りましょう。
では、始め！　1、2、3……30！　目を開けましょう。

やった〜！　できたよ！

すごいですね。よくできました。

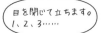
目を閉じて立ちます。
1、2、3……

❷3回まわる

今度は、3回まわってから片足立ちします。30秒間耐えられるでしょうか？
では、始め！　1、2、3……30！　目を開けましょう。

わ〜、ダメだ。

そこまで。残ることができた人
たちに、拍手を送りましょう！

3回まわってから
片足立ちします。
1、2、3……

わ〜、
ダメだ

ADVICE!　・まわる回数が多すぎると、転倒するおそれがあります。5回までにしましょう。

13 指の本数は何本かな？
指本数当てっこ
ねらい 教師の動きに注目する

①出した指の数を当てる

「当てっこ当てっこ1、2、3はい！」の後に、先生が指を出します。
出した指の本数をかぞえましょう。
当てっこ当てっこ1、2、3はい！

……3本？

正解です！

②両手で出す

今度は両手です。分かるかな？
当てっこ当てっこ1、2、3はい！

10本だ！

正解！　よく見えていますね！

ADVICE！　・数の勉強にもなります。算数の授業始めに行うのもいいでしょう。

先生の声に合わせて立ち上がろう！

14 立ちましょう

ねらい 教師の言葉を聞き分けて行動する

❶号令に合わせて立ち上がる

 先生が指示を出します。言われた通りに動いてみましょう。
（ドレミファソの音階で）立ちましょう♪

 よ〜し、できた！

 （ソファミレドの音階で）
座りましょう♪

 立ちましょう♪

❷間違えないように進める

 さあ、引っかけ問題もありますよ。
（ドレミファソの音階で）立ちません♪　立ちましょう♪
（ソファミレドの音階で）座りません♪

 わ〜、間違えちゃった！

 最後まで間違えずにできた人？

座りません♪

わ〜、間違えちゃった！

ADVICE!　・授業がはやく終わり、時間が余ったときなどに最適です。

動くあそび①

先生と同じポーズでピッタリ止まろう！

15 だるまさんがおどった

ねらい 教師のしぐさに注目する

❶ポーズをまねする

「だーるまさんが、おーどった！」と言いながら、ふりかえるときに先生が
ポーズをとります。みんなは、先生と同じポーズをとりましょう。
動いてしまったり、違うポーズをとったりすると、アウトになります。
アウトにならずに、続けることができるでしょうか？
では、全員立ちましょう。だーるまさんが、おーどった！

できた！

だーるまさんが、おーどっ……

❷難しいポーズをする

だーるまさんが、おーどった！

間違えちゃった〜。

（活動後）
最後まで、間違えずにできた人は
いますか？

は〜い！

た！

できた！

間違え
ちゃった〜

よくがんばりました。

 ・アウトになった人と交替していくようにすると、何回も続けて行うことがで
きます。

動くあそび②

16 指先操作

先生の指の動きに合わせて、ふり向こう！

ねらい 教師の指の動きに注目する

❶指先の動きに沿って顔を動かす

 指先を動かします。指の動きに合わせて、顔を動かしましょう。
はい！

 こっちか。

 はい！

 こっちだな。

 先生の指先の動きに、ついてこ
られるかな？

❷間違えないように顔を動かす

 ひっかけ問題もありますよ。
はい！

 わっ。

 はい！

 わ〜、しまった！

ADVICE!　・指示棒を持ち、それで方向を示すようにすると、教師の動きが大きく見え
て、やりやすくなります。

リズムよく動きを繰り返そう！

17 グーパー体操

ねらい 教師のリズムに従いながら、動きを繰り返す

❶手の動きを変えながら突き出す

 手を前に出したら、パー。戻したら、グーにします。
繰り返しやってみましょう。
いちにのさん、はい。いちにのさん、はい。

わっ、難しいな〜。

できるようになってきたよ！

手を前に出したら、パー。
戻したら、グーにします

難しいな〜

❷逆にする

 今度は、グーとパーを逆にしてやってみましょう！
いちにのさん、はい。いちにのさん、はい。

 わっ、さらに難しくなった〜。

 （活動後）
ここまでにしましょう。

逆にして
やってみましょう！

さらに
難しくなった〜

ADVICE! ・難しい場合は、手を突き出さず、左右でグーとパーを繰り返すだけをやってみるといいでしょう。

動くあそび④

18 先生の言葉を聞いて判断しよう！
魔法の言葉

ねらい 教師の言葉を聞いて動きを返す

❶言葉を聞いて反応する

「大きくなーれ、小さくなーれ、
魔法の言葉！」と先生が言うので、
手拍子をしましょう。
その後、ある言葉を言います。
「大きくなるもの」については、
「大きくなーれ」と言います。
「小さくなるもの」については、
「小さくなーれ」と言いましょう。
大きくなーれ、小さくなーれ、
魔法の言葉！（パンパン）
赤ちゃん！（パンパン）

大きくなーれ！

❷だんだんはやくする

全員、起立。間違えたら座りま
しょう。（パンパン）
ろうそく！（パンパン）

小さくなーれ！

（活動後）
間違えずにできた人？

は～い！

ADVICE！ ・大きくなるものは、「子ども」「大根」「ニンジン」など。小さくなるものは、
「氷」「ろうそく」「消しゴム」など。

動くあそび⑤

19 先生に言われた色に触れろ！
色オニ
ねらい 教師の指示を聞き、言われた色をタッチする

❶指定された色をさわる

 みんなは、「オニさんオニさん何色が好き？」と尋ねてください。
先生の言った色を、5秒でさわれた人はOKです。
さわれなければ、アウト！

 オニさんオニさん何色が好き？

 きーいーろ！

 あった！

 オニさんオニさん
何色が好き？

 きーいーろ！

❷様々な色で行う

 だんだん色が難しくなりますよ。

 オニさんオニさん何色が好き？

 きみどりーいろ！

 わ〜、あった！

 見つからない〜！

 5、4、3、2、1……そこまで！
見つけられた人？

 は〜い！

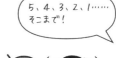 5、4、3、2、1……
そこまで！

 見つからない〜！

ADVICE! ・慣れてきたら、オニ役を子どもと交替するといいでしょう。5秒以内にタッチできなかった人が、次のオニになります。
・着ている服などで行うことができます。

36

動くあそび⑥

ジャンケンに勝って、突き進め！
教室ドンジャン
ねらい チームで戦い、仲間意識をもたせる

❶教室をS字に進む

教室の中でドンジャンをします。となりの人とジャンケンをしましょう。
勝った人たちは、廊下側へ。負けた人たちは、教室の窓側へ移動します。
前へ進み、相手と出会ったらジャンケンをします。負けた人は、戻って列
の後ろに並びます。勝ったらそのまま進みます。では、スタート！

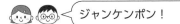
ジャンケンポン！

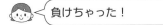
負けちゃった！

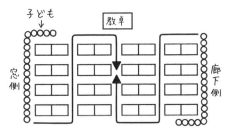

❷相手チームまでたどり着いたら勝ち

この勝負で勝てば、窓側チームの勝ちです！

ジャンケンポン！

やった〜、勝てた！

窓側チームの勝ち〜！

ADVICE! ・相手チームまでたどり着いたかどうかは分かりにくいので、最後は教師が
ジャッジします。

1年生担任あるある

1年生の担任をしていると、よくある子どもたちの出来事をまとめてみました。

- ・おもらしする
- ・急に吐く
- ・急に泣き出す
- ・すぐ転ぶ
- ・朝、泣き叫んで登校する子がいる
- ・担任の先生をこわがる
- ・男性教師でも「ママ」と呼んでしまう
- ・のりのフタがすぐになくなる
- ・「そこ!?」というところができていないことがある
- ・保護者の方とたくさん連絡が取り合える
- ・会話していると、急に無関係な話が始まる
- ・授業中に歯が抜ける (小さな袋を用意しましょう)
- ・ケンカの理由を聞き取っても、よく分からない
- ・授業中に「いたいところ」を見せにくる

　このように挙げてみても分かるように、1年生担任は、毎日がたいへんです。でも、成長があり、子どもならではの感性が見られ、とってもおもしろいものです。
　ただし、思いがけぬケガや事故も起こりやすいものです。
　迅速に対応できるように、救急の道具などを一通りそろえておきましょう。

Chapter

2

友だちと関わる
1年生あそび

1年生の子どもたちは、
まだ友だちのことをほとんど知りません。
あそびを通じて、友だちのいいところが
たくさん伝わるようにしましょう。
友だちとの関わりを生み出す
あそびを紹介します。

似ている仲間で集まろう！
21 仲間探しっこ
ねらい 自分と共通点をもっている友だちを探す

❶号令に合わせて仲間を探す

先生が「なかーまさがし！」と言いますので、繰り返して言いましょう。その次に、先生がテーマを言いますので、同じ答えの人を見つけて座りましょう。10秒間で見つけられなければ、アウトです。
なかーまさがし！

なかーまさがし！

好きな色！　5、4、3、2、1……アウト！

❷お題を変えて行う

では、次のお題！　なかーまさがし！　なかーまさがし！

好きな動物！　私はライオン！　僕も！

シマウマの人〜？

（活動後）一度もアウトにならなかった人はいますか？　（挙手）すばらしいですね！　教室には、いろいろな仲間がいますね。友だちと仲良くなるためには、お互いの共通点を探すようにしてみるといいですね。

ADVICE！
・全員終了するのを待っていると、間延びすることがあります。立ったままになっている子どもがいても、続きを始めてしまうのがいいでしょう。ただし、立っている子どものために、「何が好きなの？　こっちだよ！」とサポートしてくれる子どもを大いにほめます。
・テーマは、「好きな食べ物」「好きなおやつ」「好きなジュース」「好きなキャラクター」「好きなテレビ番組」「好きな動物」など。

次はだれが出てくるのかな！？

22 登場ジャーン！

ねらい 友だちの名前と顔を覚える

❶3人の子どもが外に出る

 3人の人に、クラスの外へ出てもらいます。外に出たい人？（挙手・指名）
ほかのみんなは、だれがどの順番で入ってくるのかを予想しましょう。班で話し合って、順番を考えましょう。

だれがどの順番で入ってくるのかを予想しましょう

だれが出てくるかな～？

Aさんじゃないかな？

だれが出てくるかな～？

Aさんじゃないかな？

❷1人ずつ順番に入っていく

 では、1人ずつ中へ入ってきてもらいましょう。どうぞ！

 ジャーン！

 1人目は、Aさんでした！

 ジャーン！

 2人目は、Bさんです。
最後、3人目は……Cくんでした！

 やった～！

 3人とも正解できた班はありますか？

 は～い！

 すごい！

ジャーン！

1人目は、Aさんでした！

ADVICE!
・続けて2～3回、人を入れ替えて行います。
・まだ友だちの名前を覚えられていない時期に有効なあそびです。あそびを通じて、友だちの名前に関心を向け、覚えるようになります。

友だちと手をつないであそぼう！

23 ビリビリ電線

ねらい 友だちと手をつないで握り合う

❶友だちの手をギュッと握る

班の友だちと手をつなぎます。班長から、ギュッと手を握ります。
握られた人は、反対の手をギュッと握ります。そうやって、電気を流してい
くのです。きちんと戻ってくるでしょうか。

ギュッ！

ギュッ！

戻ってきた！　やったね！

もう1回やってみようよ！

❷反対回りにまわす

戻ってきたら、反対回りにもまわしてみましょう。

わ～、電気が消えちゃった！

もう1回やってみようよ！

ADVICE！　・時間がある場合は、全員全体で大きな円をつくり、教師から順番に電気を
流すようにすると、全員に一体感が生まれます。

友だちと知り合うあそび④

友だちのサインを集めよう！

24 サイン集め

ねらい 友だちと自己紹介をし合い、名前を書き合う

❶ サインを集める

 （白い紙を配付する）クラスの中では、まだ、知り合っていない友だちもたくさんいることでしょう。
今日は、サインを集めるあそびをします。教室を歩き回って、「名前」と「好きな食べ物」について伝え合います。そして、相手のサインを紙に書いてもらいます。
さて、何人のサインをもらうことができるでしょうか。
では、様々な人と交流してみましょう。

 僕の名前は、大鳥太郎です。
好きな食べ物は、唐揚げです。

 私の名前は、山田真弓です。
好きな食べ物は、イチゴです。

❷ いろいろな友だちと交流する

 ね〜、サインを書いてよ。

 はい、どうぞ。

 ありがとう！

 （活動後）そこまでにします。
たくさんのサインを集めることができましたか？
今日、たくさんの名前を知ることができました。知り合った友だちと、好きなことなどをさらに尋ねるようにしてみるといいですね。

ADVICE! ・ビンゴ用紙のようなマス目のある用紙に書き込むようにすれば、「ビンゴ」として楽しむこともできます。

友だちと名前を呼び合おう！

25 名前バレー

ねらい 名前を呼び合い、友だちと親しくなる

❶友だちの名前を呼ぶ

みなさん、友だちの名前は覚えましたか？
今日は、教室を半分に分けて、窓側チーム VS 廊下側チームで勝負します。
相手チームの人の名前を呼びます。呼ばれた人は、次に、反対チームの人の名前を呼びます。同じ人の名前を呼んだり、10 秒間だまってしまうとアウトです。
では、Aさんから、どうぞ。

Bくん！

Cくん！

Cくん！

❷呼ばれたら立ち上がり、次の人を呼ぶ

え～と……。

10、9、8、7、6、5、4、3、2、1……アウト！

（活動後）
難しいよね。もう 1 回やりますので、今のうちに、となりの友だちと、クラスの人の名前を確認しておきましょう。

え～と……

5、4、3、2、1……
アウト！

ADVICE! ・授業がある程度進み、子ども同士が名前を分かり始めた時期に行うようにするといいでしょう。

26 ほっぺたプリン

プリンになって、ツンツンツン！

ねらい 友だちと体を触れ合わせてあそぶ

❶プリンのまねをする

ジャンケンで負けたら、プリンになります。
勝った人は、負けた人のほっぺたをツンツンします。
5秒経ったら、もう一度ジャンケンをします。

ジャンケンポン。
私の勝ち。ツンツン。

くすぐったいな〜。

ツンツン

くすぐったいな〜

❷食べ物を変えて行う

今度は、ゼリーになります。
さわられた人は、ほっぺたをプルンプルンと動かしてみましょう。

僕の勝ち。ツンツン。

プルンプルン。

Aさん、
本物のゼリーみたいですね！

ツンツン

プルンプルン

本物のゼリーみたいですね！

ADVICE！　・食べ物を、「羊羹」「茶碗蒸し」「お団子」などにするのもいいでしょう。

27 言葉を聞いて、少しずつ前へ進もう！
オオカミさん！
ねらい スリルを味わい楽しむ

❶オオカミさんに時間を尋ねる

オオカミあそびをします。オオカミさんに、なりたい人？
（挙手・指名）では、みんなで「オオカミさん！　今、何時？」と尋ねましょう。
オオカミ役の人は、時間を言います。みんなは、答えた時間の分だけ進みます。そして、オオカミが「12時」と言ったら、10秒間いっせいに逃げます。
オオカミ役の人は、前へ出ます。みんなは、教室の後ろに移動しましょう。

 オオカミさん！　今、何時？

 2時！

2歩進めるね。

❷「12時」の言葉で、追いかける

 オオカミさん！　今、何時？ 12時！

 わ〜、逃げろ！

 10、9、8、7、6、5、4、3、2、1……ストップ！
Aくんは、自分の名前の分だけ進んで、だれかをタッチします。

 た、な、か、え、い、た！　タッチ！

 うわ〜！　 では、Bさんが次のオオカミさんです。

ADVICE！ ・逃げることに夢中になって、止まらない子どもがいます。10秒で静止するように促しましょう。
・3〜5回続けて行います。

28 ゾンビになりきり追いかけろ！
ゾンビオニごっこ
ねらい ゾンビになりきり友だちを追いかけて楽しむ

❶ゾンビになって追いかける

顔を伏せましょう。先生から頭をタッチされた人は、ゾンビです。ゾンビになって、友だちを追いかけます。ゾンビにタッチされると、その人もゾンビになります。1分間逃げ切れればOKです。走ったらダメですよ。開始後10秒間は、ゾンビになった人もふつうにします。10秒経ったら、頭をタッチされた人はゾンビになります。では、顔を伏せてください。
（タッチした後）
顔を上げてください。全員、立ちましょう。10、9、8、7……。

ドキドキするな〜。

10、9、8、7……

ドキドキするな〜

❷タッチされたら交替する

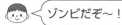

……3、2、1、0。始め！

ゾンビだぞ〜！

わ〜、逃げろ〜！

……3、2、1、0。
始め！

わ〜、
逃げろ〜！

ゾンビだぞ〜！

ADVICE！
・走り回り、転倒することのないよう、「走るのは禁止」というルールを設けましょう。
・ゾンビになった人は、ゾンビの演技をするようにはたらきかけます。

サムライになってズバズバ斬ろう！
29 サムライ
ねらい サムライになりきり、斬るふりをして楽しむ

❶代表の子がサムライになる

 サムライが刀を振ります。上を斬ったら、ほかの人たちはしゃがみます。下を斬ったら、ほかの人たちはジャンプします。
では、はじめにサムライになってくれる人？（挙手・指名）Aさん。

エイッ！

わ～、しゃがまなきゃ！

❷斬られる場所に反応してよける

トー！

ジャンプだ！

（活動後）よくがんばりました。全部よけられた人？

は～い！

すごい反射神経ですね！

ADVICE! ・「キックボクサー」というテーマでもできます。パンチされたら、しゃがむ。キックされたら、ジャンプします。

どこまで伸ばせるかな？
30 ビリビリ伸ばし
ねらい プリントをちぎり、引き伸ばして楽しむ

❶いらなくなったプリントをちぎって伸ばす

 いらなくなったプリントをちぎって伸ばします。
どこまで長く伸ばすことができるでしょうか？

 よ〜し、長く伸ばすぞ！

 あっ、やぶれちゃった〜。

 よ〜し、長く伸ばすぞ！

 あっ、やぶれちゃった〜

❷友だちと長さを比べる

 友だちと長さを比べてみましょう。だれのものが長いでしょうか？

 私のほうが長いね！

 Cさん、すごい！

 私のほうが長いね！

 すごい！

ADVICE! ・比べる過程でちぎれてしまうことがよくあります。比較することよりも、長く
伸ばす活動そのものを楽しめるようにはたらきかけましょう。

㉛ 指どれドン

どの指か見分けられるかな？

ねらい 友だちと手を触れ合わせて楽しむ

❶中指をつかむ

ジャンケンで勝った人は、自分の左手の指をまとめてつかみます。
負けた人は、相手の中指を見つけます。中指だと思う指をつかみましょう。

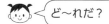
ど～れだ？

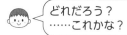
どれだろう？
……これかな？

正解！　交替しよう。

ど～れだ？

どれだろう？
……これかな？

❷正解を確認する

これかな？

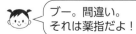
ブー。間違い。
それは薬指だよ！

しまった～！
もう1回やらせて！

ブ～。
間違い

しまった～！

ADVICE！ ・「薬指を見つけてみましょう！」など、つかむ指を変えるといいでしょう。ただし、小指と親指は分かりやすいので、避けたほうがいいでしょう。

32 指は何本？

何本置かれているか分かるかな？

ねらい 友だちと手をくっつけて楽しむ

❶ルールを説明する

 ジャンケンで負けた人は、目を閉じて手を開きます。
勝った人は、負けた人の手のひらの上に何本かの指をのせます。
負けた人は、目を閉じて、それが何本なのかを当てます。

これ何本？

2本かな？

これ何本？　2本かな？

❷あそびを始める

 ブ〜。3本。

 ええっ、本当だ！

 何回も、繰り返してやってみましょう！
（活動後）正しく言い当てることができた人？　すごいですね！

ブ〜。3本

ADVICE! ・手の甲や、肘の上、頭の上など触れる場所を変えながらやると、何回も飽きずにやることができます。

友だちと触れ合うあそび③

この手、だれのか分かるかな！？

㉝ だれの手ゲーム

ねらい 友だちと手を触れ合わせ、親密度を高める

❶友だちとジャンケンをする

 班の人とジャンケンをします。
負けた１人は、片方の腕で目を隠して顔を伏せ、片方の手を伸ばします。
勝った人のだれかが、その人の手にさわります。
負けた人は、顔を伏せたまま手をさわって、だれなのかを当てましょう。
正解したら、当てられた人と交替します。

だれの手か、分かる？

Ｄさん？

❷教卓で代表者がチャレンジする

ブ〜！

間違えちゃった〜。もう１回！

（活動後）
では、代表して、前でやってもらいましょう。（挙手・指名）
今、当てられた人は、こっそり前へ出てきてください。

ADVICE！ ・さわる角度や、さわり方を工夫することにより、だれの手なのかをバレないようにさせます。
・触れ合いを通じて、子どもたちの仲が深まっていきます。

友だちと触れ合うあそび④

34 肘ストップ

ちょうど肘のところでストップ！

ねらい 腕と手を触れ合わせることで親密度を高める

❶ルールを説明する

ジャンケンで負けた人は、目を閉じて腕を前に伸ばします。
勝った人は、負けた人の指先から肘のところまでなぞります。
負けた人は、ちょうど肘の上に来たと思ったらストップをかけます。
ぴったり肘の関節の線の上なら OK です。

私からやるよ。

まだだな……。

まだだな……

❷肘の上でストップをかける

ストップ！

ぴったり！　すごい！

やった～！　交替しようよ。

（活動後）
そこまでにしましょう。
ぴったり当てることができ
た人はいますか？
（挙手）すごい！

ストップ！

ぴったり！
すごい！

ADVICE！　・慣れてきたところで、手の動きをスピードアップさせるようにすると難しくなります。

椅子から落ちるとアウト！

35 沈没船

ねらい 椅子から落ちないように協力して楽しむ

❶代表者がジャンケンをする

 机を下げます。窓側チームと廊下側チームで椅子を固めて置きます。
（活動後）チームの代表者がジャンケンをします。負けたほうの椅子を1つずつ抜いていきます。椅子から1人でも落ちてしまったチームの負けです。
では、はじめの代表者になりたい人？
（挙手・指名）では、AくんとBさん。

 ジャンケンポン。勝った！

 負けちゃった〜。

 では、廊下側チームの椅子を抜きましょう。

わ〜！

 ジャンケンポンの勝った！

 では、廊下側チームの椅子を抜きましょう

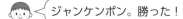

❷ジャンケンで負けたチームの椅子を抜く

 では、次に代表になる人？ （挙手・指名）
（活動後）

 わ〜、落ちちゃった〜！

 窓側チーム、落ちました。
廊下側チームの勝ち！

 やった〜！ もう1回やりたい！
廊下側

 では、椅子を組み直しましょう。

 わ〜、落ちちゃった〜！

 やった〜！

ADVICE! ・椅子から落下する危険があります。各学期の終わり頃など、子どもたちの様子が落ち着いている時期に実施しましょう。

相手の数字を当ててみよう！
36 背中テレパシー

ねらい 相手の出す数字を予測し、成功を喜び合う

❶背中を合わせて座る

 背中を合わせて座ります。今から、2人でそれぞれ片手の指を出し合います。
出す指の本数を決めましょう。心の中で会話して、相手に伝えます。
テレパシーを送るのです。

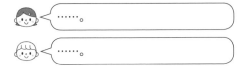
……。

……。

…………。

❷何度も続けて行う

 では、お互いに向かい合いましょう。
「さん、はい」で指を出します。さん、はい！

 4！

4！　やった～！　同じだね！

 自分たちで、続けてやってみま
しょう。
(1分程度行った後) そこまでにしま
す。1回でもそろえられた人は
いますか？

 私たちは3回そろいました！

 すごいですね！　テレパシーが
伝わっているのですね。

さん、はい！

4！　やった～！

ADVICE! ・1～5までの数字の勉強にもなります。
・慣れてきたら、10までの数で行います。そろえるのが難しくなります。

37 同じ言葉を合わせて言おう！
答え合わせゲーム

ねらい 相手の言う言葉を予測し、成功を喜び合う

❶ 「な」から始まる言葉を言う

「な」から始まる言葉を言うよ。さん、はい。
「ナスビ」。今、ナスビって言えた人？　先生と同じですね。
このように、同じ言葉を言うあそびをします。となりの人とジャンケンをします。勝った人は、言葉を1文字決めます。2人で一緒に言葉を言います。その言葉が、同じになれば成功です。

ジャンケンポン。私が勝ったから、お題を決めるよ。「あ」から始まる言葉。

「あ」か……ＯＫ。決まったよ！

さん、はい。「アヒル」！

「あじさい」！　あ〜、違った。難しいね。

「あ」から始まる言葉。さん、はい！

「アヒル」！

「あじさい」！

難しいね

❷ 何回も続けて行う

「だ」から始まる言葉。さん、はい。「ダチョウ」！

「ダチョウ」！　やった〜！　そろったよ！

大成功！

（活動後）そこまでにしましょう。
1回でも、そろったペアはいますか？

は〜い！

すばらしいですね！

「だ」から始まる言葉。さん、はい。

「ダチョウ」！

やった〜！

ADVICE!　・慣れてきたところで、班全員で行います。人数が増えると、なかなか合わせることができず、苦戦します。

38 似顔絵リレー

似顔絵を描きながら、おしゃべりしよう！

ねらい 友だちと思い出しながら似顔絵を描く

❶班で協力して似顔絵を描く

（紙とペンを配付する）これから、先生の似顔絵を描きます。
班で協力して、1人1パーツずつ描きます。1番似ている班が優勝です。
どこの班が上手に描けるかな。制限時間は、5分です。
5分経ったら、途中でも前に貼ってもらいます。

ちょっと、それは変じゃない？

そんなことないよ。こんな感じだよ。

❷黒板に貼り、投票する

では、黒板に貼りにきてください。
（貼った後）では、この中で、もっとも似ていると思う絵に手を挙げましょう。
1班の絵だと思う人？ 2班だと思う人？（順に尋ねていく）
投票の結果、優勝は5班です！

やった～！

ADVICE! ・お題はほかに、「校長先生の顔」「ドラえもん」「アンパンマン」など、みんなが知っている顔を指定するようにしましょう。

39 手相占い

占い師になりきって、お悩み相談を受けよう！

ねらい 友だちと触れ合いながら話を楽しむ

❶ペアで手相占いをする

 今日は、手相の占い師になってもらいます。
ジャンケンで勝った人は占い師です。友だちを占ってあげましょう。

 ジャンケンポン。私が占い師だね。
どれどれ……何か悩んでいますね？

 じつは、最近お母さんに
よく叱られるんです。

何か悩んでいますね？

じつは、最近お母さんによく叱られるんです

❷占い師になりきり、相談にのる

 そうか、叱られるのか～。そんなときは、
自分からお手伝いをしてみるといいよ。

 そうなの？

 そうだよ。

 はい、そこまで。占い師の役を
交替してみましょう。

そんなときは、自分からお手伝いをしてみるといいよ

そうなの？

ADVICE！

・イメージのわかない子どもがいるので、はじめは教師と代表の子どもとでやってみせます。教師が占い師の役をやります。
・1分ほどで交替します。

40 口閉じ言葉

何て言ったか、分かるかな！？

ねらい 伝わりにくい言葉を用いることで、コミュニケーションの量を増やす

❶口を閉じたまま言葉を伝える

ハモモ。今、先生が口を閉じて何と言ったのか、分かりますか？
これは、「トンボ」と言ったのです。このように、ジャンケンで勝った人は、
口を閉じたまま言葉を伝えましょう。伝えられたら交替します。2回間違
うとアウトです。

ジャンケンポン。
僕からだね。「ハモモモ」。

オムレツ？

正解！
もう1回ジャンケンしよう！

「ハモモモ」

オムレツ？

正解！

❷問題を出し合う

今度は、私だね。「ハモンモ」。

えっと……ガチャガチャ？

ブ〜。

え〜。じゃあ、クワガタ？

ブ〜。私の勝ち！　正解は、「やまんば」。

難しいな〜！

「ハモンモ」

がチャがチャ？

ブ〜

ADVICE!　・長い言葉だと、難易度が高くなります。3〜4語の言葉で行うように促します。
・ペアでの活動の後、代表者が教室全体に出題するようにしてもいいでしょう。

会話の中の「質問」を避ける

　教師が話しているにもかかわらず、「その話、知ってるよ！　だって僕はね……」というように話し出してしまう子がいます。

　子どもが話を聞かない、聞けない……。

　そんなときに、厳しく叱ってはなりません。

　1年生は、発達段階として、自分を中心に考えてしまうものだからです。自分のことに夢中なのです。

　だれかの気分を害してやろうとか、邪魔をしてやろうとか、そういう悪気があってやっているのではないのです。

　子どもが話を聞けないのであれば、教師の話の中に「質問」が入っていないかを確かめてみるといいでしょう。

　「先生は、旅行してきました。みなさん、お休みの間は、楽しかったですか?」

　このように話してしまうと、1年生の子どもはその質問に対して答えようとします。「楽しかったよ〜！　だってね……」と話し出してしまうのです。

　1年生の子どもにとっては、みんなで先生の話を聞いている、というよりも、先生と自分が話をしているような感覚で聞いているのです。

　だから、質問をされると、答えたくなってしまうのです。

　「先生は、旅行してきました。みなさんも、いろいろな思い出ができたことでしょう」

　このように伝えれば、勝手に話し出すことはないはずです。

　子どもが問題なのではありません。

　教師の話し方が問題なのです。

　「子どもがおしゃべりばかりして困る……」という場合は、まず教師自身が自分の話し方に注目してみることです。

　話を聞くことに集中させるために、「会話の中の質問」を避けるようにしましょう。

Chapter

3

マナー&ルールを
身につける
1年生あそび

小学1年生は、
分からないことだらけ。
それでも、学校生活になじむためには、
基本的なルールやマナーを
覚えなければなりません。
マナーとルールが身につけられる
あそびを紹介します。

静かにするあそび①

盛り上がってから、静かにしよう！

41 ワーイワイ！

ねらい 教師と同じかけ声を繰り返し、指示に集中させる

❶繰り返して言葉を言う

 （教室が騒がしい中で）先生の後に繰り返して言いましょう。ワーイワイ！

 ワーイワイ！

 ガーヤガヤ！

 ガーヤガヤ！

❷最後に静かになる

 ドーヤドヤ！

 ドーヤドヤ！

 シー！

 シー！

 そのまま。静かにしたままで、授業を始めます。

ADVICE！ ・シーの後、キリッとまじめな表情にして、教師が切り替える姿勢を見せることが大切です。

62

合図に合わせて静かにしよう！

42 だまりっこ

ねらい 合図とともに口を閉じる

❶合図とともに、静かにする

 （教室が騒がしい中で）先生が「1、2、3で」と言いますので、みなさんは、「だまりっこ」と言ってくださいね。
1、2、3で！

 だまりっこ！

 すばらしい。
今度は、先生が、急に「1、2、3で！」と言いますので、そのときはピタッとお話をやめてみましょう。今のように、できるかな？

❷ぴったり口を閉じる

 （活動中に）1、2、3で！

 だまりっこ！

 今、パッと静かにできた人？
すばらしい！　静かに話が聞けていますね。
はい、それでは、活動の続きの説明をしますね。

ADVICE！　　・子どもの様子に合わせて、はやく言うのもいいでしょう。

43 トライアングル

聞こえていたら手を挙げよう！

ねらい 音に耳をすませ、心を落ち着かせる

❶トライアングルの音を聞いて手を挙げる

 今から、トライアングルの音が鳴ります。
聞こえている間は、手を挙げていましょう。

 まだ聞こえる……。

まだ聞こえる……

❷音が止まったら手を下げる

 ……。

 あっ、今、消えたかな？

 よく音を聞いていますね。とっても静かな時間でした。
今のような静かさで、授業を受けられるようにしましょう。

今、消えたかな？

ADVICE!
・目を閉じて行うと、より静かな時間をつくることができます。
・黙って音に耳をすませることにより、教室の環境を落ち着かせるようにします。

運転手のまねをして、いざ出発！

44 出発します！

ねらい まねをするあそびを通して、口を閉じる

❶運転のまねをする

 先生は運転手です。先生の運転のまねをしてください。
では、出発しましょう。ハンドルを右に切りましょう。今度は左に切って！

 えいっ！

 もっと曲がるぞ〜！

ハンドルを右に
切りましょう

えいっ！

❷車を止めて口を閉じさせる

 アクセル全開！

 わ〜い！

 さて、みなさん、静かにする町に
着きました。静かに、車を止めま
しょう。
そのまま静かに、授業を始めます
よ。

静かにする町に
着きました

ADVICE！ ・体を左右に大きく傾けて、カーブでの曲がり方を表現します。

忍者になりきり、黙って動こう！

45 忍者に変身

ねらい 静かにする心地よさを体感する

❶忍者に変身する

忍者に変身しましょう。忍者修行を始めます。
先生が「さん、はい」と言ったら「ドロロンドロロンドロロンロン！」と
言ってください。さん、はい！

ドロロンドロロンドロロンロン！

手裏剣の術！
手裏剣を飛ばしましょう。

シュシュシュ～。

❷「だんまりの術」で静かにする

では、最後の術です。さん、はい！

ドロロンドロロンドロロンロン！

だんまりの術！
おしゃべりしては、ならぬのです。

……。

すばらしい。では、授業を始めるぞよ。

はっ！

ADVICE！
・「隠れみの術」では、顔を伏せます。
・「剣の術」では、近くの友だちと剣で斬り合います。
・その後の授業で、忍者モードをしばらく続けるのもおもしろいです。「プリ
　ントを、素早く貼るのじゃ！」というように、修行っぽく指示します。

話の途中でしゃべったらアウト！

46 話しちゃダメよ

ねらい 口を挟まずに、人の話を聞く

❶しゃべってしまったら席に座る

 全員、起立。先生が、今から大切なことを話します。
もしも途中で話してしまったら、アウト！　席に座ってもらいます。
昨日、先生が学校に来るまでに、見つけたものがあります。
それはね……。

 ……。

先生が学校に来るまでに、見つけたものがあります

……………

❷最後までしゃべるのを我慢する

 草むらの中で伸びているものが見つかりました。それは、菜の花です。
今は春ですが、外にはたくさんの草花が育っています。

 私、タンポポを見たよ！……あっ！

 Aさん、アウト！
（活動後）……ここまで。最後まで、黙っていることができた人？

 は〜い！

 よくがんばりました。
みんなが黙ってお話を聞いてくれるので、先生も話しやすかったです。

たくさんの草花が育っています

私、タンポポを見たよ！……あっ！

Aさん、アウト！

ADVICE! ・わざと長々と話をしたり、子どもが思わずしゃべってしまいそうな話にしてみましょう。

47 何してる?

先生は何の動きをしているのかな?

ねらい 突然動き始める教師に注目させる

❶突然動き始める

 （無言で動き始める）先生は、何をしていると思いますか？

 何だろ〜。何かをこぼしているのかな〜？

何をしていると
思いますか？

 何だろ〜

❷何をしているのかを当てる

 分かった！　水やりだ！

 正解です。今日は、植物のお世話についてのお話をします。

水やりだ！

正解です。今日は、
植物のお世話についての
お話をします

ADVICE! ・授業内容に関係のある動きをやってみせて、授業につなげられるようにします。

切り替えるあそび②

かくれんぼみたいに答えてみよう！

もういいかい？

ねらい 準備の度合いを楽しく確認する

❶授業の準備をする

 （準備が遅いときに）さあ、図書室に行く準備ができましたね。
確認してみましょう。もういいかい？

 まーだだよ！

❷準備ができたところで、もう一度呼びかける

 もういいかい？

 もういいよ！

 さあ、それでは出発しましょう。

 は～い！

ADVICE！ ・かくれんぼで呼びかけるときの言い方で伝えます。楽しく準備を急ぐことが
できます。

切り替えるあそび③

49 ハンカチ大笑い

ハンカチを投げて、大爆笑！

ねらい ハンカチに注目して、クラス全員で楽しく笑う

❶ハンカチを投げる

 先生がハンカチを投げます。先生が投げたハンカチが、教卓に着くまで笑い続けましょう。
では、投げますよ。はいっ！
（上に放り投げる）

 ワッハッハッハ……。

ワッハッハッハ……

❷落としてみせる

 教卓に着きました。

 ……。

 そうです。では、もう一度投げます。はいっ！（上に放り投げる）
ハンカチが落ちてしまった！
教卓に着いていないので、笑い続けましょう。

 ワッハッハッハ……。

 はい、着きました。

 ……。

 すばらしい。今のように、真剣なときと、笑うときとを、パッと切り替えられるようにしましょう。

……………

ADVICE！　・まずは、教師が大きく笑って見本を見せましょう。

切り替えるあそび④

先生と同じ回数手をたたけ！

50 パンパン繰り返し

ねらい 教師やまわりの友だちの音から気持ちを切り替える

❶教師と同じ回数まねしてたたく

> 先生が手をたたきます。その後、みなさんも先生と同じ回数たたいて、何回たたいたのかを当てていきます。パン！

 パン！

 パンパン！

 パンパン！

❷だんだん回数を増やす

 パンパンパンパン！

 パンパンパンパン！

 パンパンパンパンパンパン！

 パンパンパンパンパン……？

 惜しい！
1回足りませんでしたね。
さて、授業を始めましょう。

ADVICE!　・騒がしくて、注意が向けられないときなどに有効です。数人がきちんと返すことができれば、ほかの子は見てまねして続けるようになります。

51 先生が突然驚いた！
何だこれ！？
ねらい 教師のリアクションを見て、気持ちを切り替える

❶いたがってみせる

 では、授業を始めます……。
あいたたたたた！

 せ、先生、どうしたの？

 ポケットに……
何かが、入ってる！

あいたたたたた！

せ、先生、
どうしたの？

❷ポケットから物を取り出す

 何だこれ！？

 それは、おはじきだよ！

 そっかあ、おはじきか。何なのかと思ったよ。
今日は、おはじきの数をかぞえる学習をします。

何だこれ！？

それは、
おはじきだよ！

ADVICE！ ・授業で用いる道具なら、どんなものでも用いることができます。オーバーに
いたがってみせましょう。

小さすぎてよく聞こえない！
52 小声で何言った？
ねらい 教師のヒソヒソ声を聞こうと注目する

❶小さな声で話す

 ヒソヒソ……。

 先生、何か言ってる……。

 それでね……あのね……。

 みんな、静かにして！

先生、何か
言ってる……

みんな、
静かにして！

❷何を言ったのかを答える

 今、何て言ったのか分かる人？

 はい！　「おにぎりが食べたい」って言っていました！

 正解！　次の問題です。……カレーライスも食べたい。……聞こえた人？

 は〜い！

 （活動後）では、おしまい。今日の授業について、話をしますね。

今、何て言ったのか
分かる人？

「おにぎりが食べたい」って
言っていました！

ADVICE!　・聞こえるか聞こえないか、ギリギリの音声で話すことが肝心です。

53 拍手は何本？

拍手の数を聞き取ろう！

ねらい 音に集中し、教師の動きに注目する

❶教卓の後ろで拍手する

 拍手している指の数が違います。何本なのか、当てましょう。
パンパンパンパン。

 4本？

 正解です！

❷拍手の指の数を当てる

 では、これは何本？

 ……？　3本？

 ブー。2本です！

 間違えちゃった〜。

ADVICE！　・5本のときの音を大きくして、メリハリをつけて拍手するといいでしょう。

封筒が突然しゃべり出した！

54 封筒会話

ねらい 封筒の会話に耳をすまして、注目させる

❶封筒と会話する

これから封筒くんとお話をしましょう。
あれ？　君はだれ？
封筒：「こんにちは！　封筒くんです！」
こんにちは！
封筒：「私は、封筒です。今日はね、みなさんに問題を持ってきましたよ。」

ええっ、どんな問題かな？

あれ？
君はだれ？

こんにちは！
封筒くんです！

❷封筒になりきり、問題を出す

封筒：「こんな問題だよ。みんなには、難しいと思うけどね～。」

簡単だよ～！

やってみますか？

解いてみる！

みんなには、難しいと
思うけどね～

4＋12

簡単だよ～！

ADVICE! ・手を入れて、折り曲げたり、左右にふったりして、細かな動きを表現します。

55 黒板の絵がしゃべりだす！ 特別ゲスト

ねらい 黒板に描かれた絵に注目させる

❶ゲストを黒板に描く

 今日は、特別ゲストに来ていただいています。
ワン太さんです。ワン太さん、困っていることがあるそうですね。
🐶：「4＋3の計算のやり方が分からなくて……。」

❷ゲストになり、問題を伝える

 どうしたらいいと思いますか？

 4＋3＝7だよ！

 🐶：「そうなんだ。どうしてそうなるの？」
どうやったらいいんだろうね。
今日は、計算のやり方を考えて、ワン太へ説明できるようになりましょう。

ADVICE! ・キャラクターとして描くのは、流行のアニメキャラクターなど、子どもが大好きなものにするといいでしょう。

整えるあそび①

56 見～つけた！

授業の準備ができているかな？

ねらい 教師に見つけてもらえるように準備をはやくする

❶机が整っている人を見つける

 机の上がきれいな人、見～つけた！　教科書が出せている人、見～つけた！

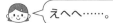 えへへ……。

わっ、はやく出さなきゃ！

 机の上が
きれいな人、
見～つけた！

 えへへ……

❷次々に見つけてほめる

またまた見～つけた！

 やった。ほめてもらえた。

 僕も急ごう！

 またまた
見～つけた！

僕も急ごう！

ADVICE！　・かくれんぼで隠れている人を見つけたときのような調子で呼びかけると、子どもたちもやる気になります。

整えるあそび②

先生の動きに合わせて指さそう！
57 トントントントン
ねらい 指をさして、最後に姿勢を正す

❶手をはじいて体を指さす

 手をグーにして、上下に入れかえてトントンします。
先生の言葉を繰り返して言います。言われたところを、指さしましょう。
トントントントンめーだーま！

 トントントントンめーだーま！

 トントントントンあーたーま！

 トントントントンあーたーま！

❷手をひざの上にのせる

 トントントントン手はおひざ！

 トントントントン手はおひざ！

 ここまで、上手に動くことがで
きましたね。では、その正しい
姿勢のまま、授業を始めますよ。

ADVICE! ・指さすところは、「おはな」「おくち」「みーみ」「あーご」「ほっぺた」「ま
ゆげ」「かーた」など。リズムよく、途切れないように続けてみましょう。

58 正の字ポイント！

姿勢をよくしてポイントアップ！

ねらい グループで姿勢を確認し合う

❶班対抗でポイントを獲得する

 姿勢のいい班にポイントが入ります。
おおっと、3班、背筋が伸びてる！　1ポイント！

やった〜！

みんな、姿勢をよくしよう！

❷次々にポイントが加わる

 さらに、2班にも1ポイント！

 よし、5ポイントだ！

こっちだって、負けないぞ！

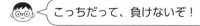

ADVICE！　・どの班にもポイントが入るように、まんべんなくポイントを加えていくようにします。

整えるあそび④

59 姿勢チャンピオン
姿勢をよくして、チャンピオンになろう！

ねらい 友だちから姿勢のよさを認めてもらう

❶審査員になって、座り方を確認する

 審査員が姿勢を見て回り、姿勢のいい人にタッチしていきます。
審査員をやってくれる人は、いますか？
（挙手・5人を指名）タッチされた数の多い人が、姿勢マスターです。

 わ～、タッチされた！

 いいな～。
私も、もっと姿勢をよくしよう。

❷タッチされた数で競い合う

 （活動後）では、そこまでにしましょう。
何回タッチされましたか？　1回の人？　2回の人？　（順に尋ねていく）

 私は7回です！

 すごい！
姿勢チャンピオンですね！
Cさんの姿勢を見てみましょう。

 背筋がピンと伸びているね。

 みんなで、
この姿勢をまねしてみましょう。

ADVICE!　・できるだけ多くタッチするように促します。
・続けて、2～3回ほど行うといいでしょう。

80

整えるあそび⑤

姿勢のいい人でリレーをしよう！
60 姿勢いい人リレー
ねらい 姿勢のいい人を見て学ぶ

❶姿勢のいい人を呼ぶ

先生が、姿勢のいい人を呼びます。当てられた人は、立ち上がりましょう。
ほかの人は、呼ばれた人のほうを向きます。Aくん！

はい！

Aくん！

はい！

❷姿勢のいい人を呼び、つなげていく

当てられた人は、次に姿勢のいい人を呼んでください。

Bさん！

はい！　Cさん！

はい！

Bさん！

はい！

ADVICE! ・「ほかの人が呼ばれたときに、ふり向くときの姿勢」まで評価対象にしてお
くと、当ててもらえなくて不満をもらす子が少なくなります。

手でナデナデ、ポカリ

　1年生の子どもたちは、教師との直接的な関わりを求めます。

　ほめてもらいたがりです。

　しかし、ついつい悪さもしてしまうので、叱らなければならないことも起こり得ます。

　そういうときは、しっかり直接的に叱らねばなりません。

　しかしながら、1年生の子どもは1クラスに多くて35人ほどいます。

　すべての子どもに目を行き届かせるには、難しいものがあります。

　そんなとき、次のようなほめ方、叱り方が効果を発揮します。

ほめるとき

　「〇〇ができた人？　その人はすばらしいですね。

　手をパーにして頭にのせます。ナデナデしましょう」

叱るとき

　「〇〇をしてしまった人？　それはダメです。

　手をグーにする。頭をポカリ」（教師、頭をたたくふりをする）

　叱るときは、「チョキをつくって、反対の腕にしっぺ！」という手もあります。

　教師の体で見本を見せて、子どもたちの手に置き換えてやるわけです。

　ユーモアを交えながら、ほめたり叱ったりすると、ほめてもらう喜びが増え、楽しみながら反省を促すことができます。

Chapter

4

言葉を覚える
1年生あそび

・・・

子どもたちは、1年生のうちに、
「ひらがな」「カタカナ」「漢字」まで
覚えなければなりません。
間違えずに書けるようになるために、
少しずつ覚え、使い慣れていくようになる
あそびを紹介します。

書かれた字が何かを考えよう！

61 この字はな〜に？

ねらい ひらがなを正しく書く

❶字が何なのかを当てる

 友だちの手のひらに、ひらがなを書きます。何という字なのかを当てましょう。ペアになって、ジャンケンで勝った人が書きます。

 ジャンケンポン。私から書くね。

 う〜ん、何だろう……？

❷書かれた字を答える

 分かった。「か」じゃない？

 正解！　もう1回ジャンケンしよう！

 （活動後）そこまでにします。正しく答えることができた人はいますか？

 は〜い！

 すばらしいですね。

ADVICE!　・手の甲、肘、背中など、様々なところに書くことができます。
　　　　　　・目を閉じて行うと難易度が上がります。
　　　　　　・漢字の練習にも活用できます。

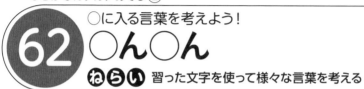

62 ○に入る言葉を考えよう！
○ん○ん

ねらい 習った文字を使って様々な言葉を考える

❶○に入る言葉を考える

 「○ん○ん」の「○」に入る言葉を考えましょう。今から、紙を配ります。どんな言葉ができるのか、みんなで考えましょう。

 何があるかな～？

「○」に入る言葉を
考えましょう

「○ん○ん」

何が
あるかな～？

❷いろいろな言葉を発表する

 グループで、言葉を発表してみましょう。

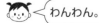 わんわん。

とんとん。

がんがん。

(活動後) 10個考えることができていたら、すごいですね。

私たちは、20個考えました！

わんわん

とんとん

がんがん

ADVICE！ ・作文に用いることができるように、「こんなときに使うんだよね」と例示しながら紹介するといいでしょう。

63 カタカナ集め

カタカナ言葉、見つけよう！

ねらい カタカナでできた言葉を多く集める

❶カタカナでできている字を集める

カタカナの言葉を集めましょう。ノートに番号を付けて書きます。10個書けたら1年生です。15個で3年生、20個で6年生、25個で中学生、30個で高校生、35個で大学生です。

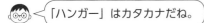
「ハンガー」はカタカナだね。

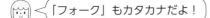
「フォーク」もカタカナだよ！

❷友だちと見せ合って、さらに増やす

立ち歩いて、ノートに書いたものを友だちと見せ合ってみましょう。友だちの考えを、まねさせてもらうのもいいですね。

何て書いたの？

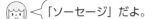
「ソーセージ」だよ。

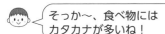
そっか〜、食べ物にはカタカナが多いね！

（活動後）全体でも確認してみましょう。

ADVICE！　・箇条書きにする際には、「①ネコ　②ゾウ」というように番号を書くようにさせると、何個書けたのかが一目で分かるようになります。

64 1人でしりとりつなげよう！ 1人ひらがなしりとり

ねらい 様々な言葉をノートに書く

❶ 1人でしりとりをつなげていく

ノートに、1人でしりとりの字をつなげていきます。1つ書いたら、矢印で次の字をつなげます。どこまで書くことができるでしょうか。制限時間は5分間です。

しりとり → りんご → ごりら → らっぱ → ぱいなっぷる……。

❷ 5分間でできるところまで書ききる

そこまでにしましょう。
どこまで書くことができましたか。

2ページ目まで書くことができました！

私は3ページまで書けました。

すばらしいですね。
どんなことが書けたのか、となりの人と見せ合ってみましょう。

2ページ目まで書くことができました！

すばらしいですね

ADVICE! ・となりの人と見せ合う際には、ひらがなやカタカナが正しく書けているか、間違いを指摘できるように促しましょう。

反対にすると何て言えばいいのかな！？
65 逆さ語勝負
ねらい 教師の言葉を逆さまにして返す

❶逆さ語を言う

 先生が、ある言葉を言います。それを反対から言ってみましょう。手拍子の後に言葉を返してください。
やま！　パンパン！（手拍子）

 まや！　パンパン！（手拍子）

 トマト！　パンパン！（手拍子）

 トマト！　あれ？　同じだ……。

❷徐々に長い言葉に挑戦する

 みなさん、上手ですね。だんだん長くなりますよ。
けむし！　パンパン！（手拍子）

 しむけ！　パンパン！（手拍子）

 きんたろう！　パンパン！（手拍子）

 うろ……？

 答えは、「うろたんき」です。言えた人？

 は～い！

ADVICE！　・基本的に2〜4文字の言葉を出していきます。
・長い言葉は、正解できた人を確認しつつ進めていきます。

66 漢字の間違い、どこにある？
漢字間違い探し

ねらい 間違いに気付き、正しい書き方を覚える

❶漢字の間違いを見つける

 漢字間違い探しをします。「青」の字を書きます。この字、どこが間違っているかな？

えっ？　どこかな？

分かった！

となりの人と相談してみましょう。

月のところは、止めなきゃダメなんだよ。

どこが間違っているかな？

えっ？どこかな？

❷間違えているところを指摘する

 では、前に出て説明できる人はいますか？　（挙手・指名）では、Cさん。

 はい。月の字の、「はらい」がおかしいです。ここは、「止め」です。

 同じ考えの人はいますか？

 僕も同じです！

 漢字の細かいところまで、よく覚えることができていますね。

 なるほど！覚えておかなくちゃいけないな。

ここは、「止め」です

なるほど！

ADVICE! ・子どもが間違えやすいところを題材として問題にするといいでしょう。

67 漢字ニセモノ探し

ニセモノの漢字はどれかな？

ねらい 似ている漢字との違いに気付く

❶ノートに漢字を書く

 この中にニセモノが1つあります。どれか分かりますか？

 あっ、「入」が混ざっている！

 正解です。このように、漢字でニセモノ探しをします。ノートに線を引き、4つに分けます。全部のマスを、同じ漢字で埋めてしまいます。ただし1文字だけ違う漢字にします。よく似ている漢字を入れましょう。1つできた人は、2つ目、3つ目、4つ目を作ってみましょう。

 何の漢字にしようかな〜。

❷間違えやすい漢字を混ぜる

 （5分後）教室を立ち歩き、出会った人と問題を出し合ってみましょう。

 一緒にやろうよ！

 いいよ。これは……「貝」の中に、「見」がある！

 正解！　今度は、僕が見つけるよ。

 （活動後）そこまでにしましょう。間違いを見つけられた人はいますか？　（挙手）すばらしい！

ADVICE! ・ほかに似ている漢字は、「右」と「石」、「日」と「白」、「白」と「百」、「木」と「本」、「大」と「犬」、「日」と「目」など。

漢字あそび③

68 漢字しりとり

漢字の一部でしりとりしよう！

ねらい 漢字の形や構造に気付く

❶漢字でしりとりをする

 漢字の一部を使って、しりとりをします。
例えば、「音」という字の「日」を使って、「白」という字につなげることができます。10秒間何も書けなければ、アウト！ ジャンケンで勝ったほうから始めます。

 ジャンケンポン。
僕から書くね。「十」。

「十」の横棒を使って……「二」！

❷相手の漢字に続けて書く

 「二」の2本を使って……「口」！

 「口」……。

3、2、1、0！ やった～！
私の勝ち！

 （活動後）そこまでにしましょう。
多く勝つことができた人？ （挙手）
よくがんばりました。漢字はバラバラのように見えますが、じつは似ているところがたくさんあるのですね。

ADVICE! ・中学年の部首の学習につなげられるように、部分に分けて捉えられるようにしておきましょう。

漢字の一覧でクイズを出そう！

69 漢字一覧クイズ

ねらい 漢字の読み方や特徴に気付く

❶漢字一覧の中から漢字を探す

教科書の巻末にある漢字一覧を見ましょう。
これから、漢字クイズを出します。12画です。
読み方は、「も」から始まります。
木がたくさん生えています。さて、これは何の漢字でしょうか？

 分かった！ 「森」！

 正解です。
このように、漢字一覧の中から
問題を出してみましょう。

どの字にしようかな～。

❷友だちに問題を出す

「し」から始まるよ。5画。そして、色の名前だよ。

う～ん……「白」？

正解！

ADVICE! ・「どんなときに使うか？」「どんな形をしているか？」など、いろいろなヒント
を出していいということを伝えましょう。

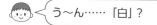

漢字あそび⑤

漢字の書き順、正しく書けるかな？

70 書き順キラー

ねらい 漢字の書き順を再確認する

❶1画ずつ漢字を書く

 （先に漢字を黒板に書いておく）全員起立。漢字の書き順を確認します。
間違ってしまうとアウトです。アウトになったら、座りましょう。
1つ目の問題は「右」です。では、1画目を空書きしましょう。
さん、はい。

 横棒からかな？

1画目を
空書きしましょう

横棒からかな？

❷続けて1画ずつ書き加える

 正解は、はらいからです。

 間違えた〜。

 では、2画目を書きましょう。
さん、はい。

 やった〜！　正解できた！

 最後まで立っていられる人は、
いるでしょうか？

正解は、
はらいからです

間違えた〜

ADVICE！ ・1年生の漢字で書き順を間違えやすいのは、「上」「田」「金」「年」「耳」
「正」「左」「石」など。

連絡帳をきれいに書けるかな!?

71 連絡帳の字で勝負!

ねらい 友だちと勝負しながら、きれいに書けるようになる

❶連絡帳の字を丁寧に書く

連絡帳の文字で勝負をします。
「おんどく」「こくごプリント」など、1文字ずつ書きます。
1文書けたら、班の中で見せ合い、「ゆーびさし！」で1番きれいに書けた文字を指さします。終わったら、次の言葉でまた勝負しましょう。

丁寧に書くぞ！

丁寧に書くぞ！

❷1文ずつ勝負を続けていく

勝負しよう！

ゆーびさし！

勝った！

くやしい！
次の文字で勝負しようよ！

（活動後）たくさん指をさしてもらえる人は、どのように字を書いていましたか。
きっと、ゆっくり丁寧に書いていることでしょう。
いつも、今のように丁寧に1文字ずつ字を書けるといいですね！

勝った！

くやしい！

ADVICE! ・得票数が同数の場合は、ジャンケンで判定を決めさせます。

きれいに書くあそび②

名前がきれいだと得点アップ！

72 名前得点

ねらい テストの名前を丁寧に書く

❶名前に加点する

 漢字小テストの名前の字がきれいだと、点数がアップします。とてもきれいであれば、2点。ちょっときれいなら1点です。ふつうなら0点です。間違っていたら、1点引きます。

よし、丁寧に名前を書こう！

よし、丁寧に
名前を書こう！

③②①

かんじ小テスト

大鳥太郎

❷加点しながら丸付けをする

 （テスト後）では、丸付けをしますね。

加点されるかな～？　やった～！　102点だよ！

ええ、すごいな～！
確かに、きれいだ！

 テストだからといって、焦ってはいけません。ゆっくりじっくり書くのです。

やった～！
102点だよ！

確かに、
きれいだ！

ADVICE！　・「どうしたら加点されるのか」を言わずに始めると、「どうして102点なの！？」と喜びます。加点の原因を考えるようになり、さらに効果的です。

きれいに書くあそび③

73 鉛筆くん

鉛筆の持ち方を覚えよう！

ねらい 正しい鉛筆の持ち方を確認する

❶鉛筆と会話する

じつは、先生は、どんなものとも話すことができるのです。
鉛筆：「僕は鉛筆くんだよ。僕を正しく使うのは、とっても難しいんだ。」
そうなの？　簡単だけどね。
鉛筆：「僕を使うときは、人差し指と親指でつまむ。それに、中指を添えるんだ。」
そうなんだ！

こうかな……？

❷注意点を伝える

鉛筆：「僕で字を書くときは、まっすぐに立てるんじゃない。斜めにして書くんだ。」
こう？
鉛筆：「そう。その通り。みんなも、気を付けてくれよな！」
だって。みんなもできるかな？
やってみよう！

できた！

ADVICE!　・後日、字を書くときには、「鉛筆くんに教えてもらったことを思い出そうね」と声をかけるといいでしょう。

96

74 どっちがきれいに書けるかな？
ハヤブサ VS カタツムリ

ねらい 書き比べて、美しく書く方法を考える

❶すばやく文字を書く

「あ」の字を書きます。（見本を見せてから）このように、できるだけはやく書きます。ハヤブサのように。秒数を読み上げます。3秒よりはやく書けるとすごいですね。用意、始め。1、2、3……。

書けました！

できるだけはやく書きます。ハヤブサのように

書けました！

❷ゆっくりと文字を書く

今度は、ゆっくりと書きましょう。カタツムリになるのです。用意、始め。1、2、3……30秒。そこまでにしましょう。

……書けました。

（活動後）では、2つの字を見比べてみましょう。ハヤブサとカタツムリだと、どちらの字がきれいですか？

カタツムリのほうがきれいだな！

じつは、きれいな字を書けるようにするためには、ゆっくりと書くことが大切なのです。
急ぎすぎず、丁寧にじっくり書きましょう。

ゆっくりと書きましょう。カタツムリになるのです

……書けました

ADVICE!　・ほかの言葉を書く際には、「ハヤブサにならないように気を付けてね。カタツムリだよ」と声かけしましょう。

円と線を美しく描こう！

75 円と線

ねらい 曲線と直線を美しく書けるようになる

❶きれいな円を描く

紙を配ります。そこに、きれいな円を描きましょう。
1つ描けたら、2つ目、2つ描けたら、3つ目を描きます。

きれいに描けた！

僕のほうが、きれいだよ！

❷きれいな線を引く

今度は、きれいな線を引きます。まっすぐの線を引いてみましょう。
縦と横に描きます。

よし、まっすぐだ！

わ～、上手だね！

ひらがなは、円とまっすぐの線が
合わさってできているのです。
きれいな円と線が描けるようにが
んばりましょうね。

ADVICE! ・円と線を描くときに大切なのは、手首の動きです。手首が柔らかく動くよう
に助言しましょう。

76 まんじゅう

いろいろな「まんじゅう」言ってみよう!

ねらい 楽しく発声練習をする

❶ 「まんじゅう」と言う

 先生のまねをして、「まんじゅう」と言ってみましょう。
まんじゅう。

 まんじゅう。

 んーまんじゅ〜!

 んーまんじゅ〜!

❷ 班で発声練習をする

 班で、班長から順番に言ってみましょう。

 まんじゅう!（まんじゅう!）

 まんじゅ?（まんじゅ?）

 まーんーじゅー!（まーんーじゅー!）

ADVICE! ・「ま」の音を、鼻から響かせられるようにアドバイスしましょう。

大きく息を吸って吐き出そう！

77 アッハッハー！

ねらい 口を大きく開いて発音する

❶教師の発声を繰り返す

 先生の言葉をまねしてみましょう。
アッハッハー！　はい。

 アッハッハー！

 イッヒッヒー！

 イッヒッヒー！

アッハッハー！
はい

アッハッハー！

❷2つの言葉を繰り返す

 今度は、繰り返しますよ。
アッハッハーのアッハッハー！　はい。

 アッハッハーのアッハッハー！

 イッヒッヒーのイッヒッヒー！

 イッヒッヒーのイッヒッヒー！

 エッヘッヘーのオッホッホー！

 エッヘッヘーのオッホッホー！

エッヘッヘーの
オッホッホー！

エッヘッヘーの
オッホッホー！

 （活動後）
とてもよいリズムで声が出ていますよ。
さあ、その声で音読してみましょう。

 ADVICE！　・30秒〜1分間続けるのが目安です。
・はじめはゆっくり、だんだんテンポを上げていきましょう。

78 風船割り
大きな声で風船を割ろう！

ねらい 大きな声が出せるようになる

❶声とともに風船を消す

 （黒板に風船の絵を描く）黒板に風船がたくさんあります。
みなさんの音読の声で、風船を割りましょう。
大きくはっきりした声が出れば、割ることができますよ。

 「くまさんが、ふくろを
みつけました。」！

 （黒板に描いた風船を消しながら）
パンパン！

❷次々と風船を消していく

 まだ、大きな風船は割れていません。

 「ながいながい、はなのいっぽんみちができました。」！！！！！

 （黒板に描いた風船を消しながら）
パ～ン！
すべての風船が割れました。

 やったね！

ADVICE！ ・30秒〜1分間続けるのが目安です。
・風船のほかにも、キャラクターの絵を描くと盛り上がります。

新しい言葉を理解しよう！

79 語彙使い

ねらい 言葉の用法を知り、語彙を増やす

❶言葉の意味を知る

 先生の後に続いて読みましょう。
「ふいに気付きました。」

 「ふいに気付きました。」

 ここでいう「ふいに」という
言葉の意味が分かりますか？

 吹くことかな……？

 ほかの言葉でいうと、
「急に」ということです。

「急に」ということです

「ふいに」

❷使い方を見て、意味を理解する

 Aくん、
立ち上がってみてください。

 わっ、ふいにAくんが立ち
上がった！

 ほかの人もやってみましょう。

 なるほど、
これが「ふいに」か～。

Aくん、立ち上がって
みてください

わっ、ふいにAくんが
立ち上がった！

なるほど、これが
「ふいに」か～

ADVICE！ ・あらゆる言葉について、実際に動いて例を示してみせながら、言葉を理解
させていきます。

読むあそび⑤

声の大きさ、使い分けよう！

80 声のものさし

ねらい 声の大きさを調整できるようになる

❶ いろいろな大きさの声を出す

 声の大きさは、3つあります。「ゾウの声」は、大きな声。「おサルの声」は、ふつうの声。「ネズミの声」は、小さな声。「あいうえお」で言ってみましょう。ゾウの声で！！！

 あいうえお！！！

ゾウの声で！！！

あいうえお！！！

❷ 場面と声の大きさについて考える

 おサルの声で。

 ネズミの声で……。

 みんなに向かって発表するときは、どの声がいいと思いますか？

 となりの人と話すときは？

 ネズミの声です。

 そうですね。声の大きさを使い分けられるようになりましょう。

 あいうえお。

 あいうえお……。

 ゾウの声です。

 ネズミの声で……

あいうえお……

ADVICE！ ・声の大きさについて掲示しておくと、日常的な授業においても意識することができるようになります。

Chapter 4　言葉を覚える1年生あそび　103

ミニクイズ20選

1年生の子どもたちは、クイズが大好きです。
ちょっとしたスキマ時間に、楽しいクイズを出題してみましょう。

① ふだはふだでも、子どもが付けるふだって、なーんだ？（なふだ）

② みずはみずでも、ニョロニョロうごくみずって、なーんだ？（ミミズ）

③ 朝起きたら、一番はじめに開けるふたって、なーんだ？（まぶた）

④ 呼ぶと返事をしてくれる、体の部分はどこかな？（はい）

⑤ 田んぼで力仕事をしているのは、だーれ？（男）

⑥ 何でもすぐに飽きてしまうイヌって、どんなイヌ？（秋田犬）

⑦ 点は入らないけれど、きれいな音がするゴールって、なーんだ？（オルゴール）

⑧ 茶碗にムシが入ったら、おいしい料理になったよ。なーんだ？（茶碗蒸し）

⑨ 競争をすると、いつも9番になる果物、なーんだ？（キウイ）

⑩ どろぼうがとってもいやがるおさつって、なーんだ？（けいさつ）

⑪ ミソの中にいつも入っているもの、なーんだ？（ファ）

⑫ コロの子どもは、ココロ。ココロの子どもは？（マゴコロ）

⑬ タイがため息をつくと、どんな天気になるかな？（台風）

⑭ 全然暑くないのに、顔からゆげが出ているよ。これ、なーんだ？（まゆげ）

⑮ 服を脱ぐたびにあらわれるカエルって、なーんだ？（きがえる）

⑯ 風邪をひいた人が歩けるのは、何歩かな？（ゴホ）

⑰ 牛が大好きな果物、なーんだ？（モモ）

⑱ 毎日ずーっとドキドキしてるゾウって、なーんだ？（心臓）

⑲ 天気のいい日には、「ぽぽ」をするよ。なーんだ？（さんぽ）

⑳ 1と4の間に立っている年上の人、だーれだ？（にいさん）

Chapter

5

計算が
大好きになる
1年生あそび

$\vdots$

1年生では、
「数字」について学びます。
あそびの中に
数字や計算を取り入れることで、
学習へとつないでいきます。

81 1から順番にかぞえよう！
1から20までかぞえよう

ねらい 数字の順番を覚える

❶1から20まで順番にかぞえる

 1から20まで順番にかぞえてみましょう。さん、はい。

 1、2、3……20！

 スムーズにかぞえることができました。今度は、となりの友だちと交互にかぞえます。ジャンケンで勝ったほうからかぞえ始めましょう。言えなかったり、間違えたりするとアウトです。もう一度はじめからやり直しましょう。

 1！　　 2！

 3！　　 ……4！

❷班で順番にかぞえる

今度は、班で順番にかぞえましょう。

 私から始めるよ。1！

 2！　　3！

……5？

 それは間違いだよ。4だよ。もう一度はじめからやろう！

ADVICE！　・慣れてきたら、2とび、5とび（50まで）、10とび（200まで）などに挑戦させましょう。

数を見て、声を出してかぞえよう！

フラッシュカード

ねらい 数字を音声認識する

❶ 1から10までかぞえる

 カードに数字が書いてあります。その
数字を順番に読み上げましょう。1！

1！

 2！　　　 2！

その数字を順番に
読み上げましょう

 （活動後）今度は先生が読みま
せん。カードを見て自分た
ちで数を読み上げましょう。
（カードをめくっていく）

1！　2！　3！……10！

❷ カードを見て、足した数を答える

 今度は、カードの数字に1を足した数を答えましょう。

 （1の数字を見て）……2！　　（2の数字を見て）……3！

 間違えることなくかぞえるこ
とができた人はいますか？

1を足した数を
答えましょう

 は〜い！

 よくがんばりました！

……3！

ADVICE！
・慣れてきたところで、カードをランダムに混ぜ合わせます。順番が変わるこ
とにより、難易度が大きく高まります。
・ほかのお題は、「合わせると10になる数」「1を引いた数」「2を足した数」
など。

83
たたかれた指の分だけ増えていく!
指足し算ゲーム

ねらい 小さな数の足し算の練習をする

❶指で足し算をする

左右1本ずつ指を立てましょう。友だちと交互に指をたたき合います。
たたかれた指は、相手の指の数の分だけ増えます。
自分の指の数が5本になると、その手はアウト。引っこめます。
両手がなくなってしまうと、ゲームオーバーです。
ジャンケンで勝ったほうから始めましょう。

 僕から始めるよ。えいっ。

 1にたたかれたから、
2になるね。えいっ。

2にたたかれたから、
僕は3だ。えいっ。

えいっ

1にたたかれたから、2になるね

2にたたかれたから、僕は3だ

❷5になると手がなくなる

 わ〜、5になっちゃった。
手がなくなった。えいっ。

 ふっふっふ……4になったよ。えいっ。

 両手がなくなっちゃった。
負けた!

 終わったペアは、もう一度
勝負してみましょう。

わ〜、5になっちゃった

ふっふっふ……4になったよ

負けた!

ADVICE! ・ルールを理解するまで、教師と子どもとで見本をじっくりと見せるのがいい
でしょう。

数字あそび④

昔話の中の数字をかぞえよう！

84 昔話数字

ねらい 具体物を用いながら、数字をかぞえる

❶昔話を聞きながら数字をかぞえる

 先生が、昔話を話します。その中に、きび団子が出てきます。
順に計算して、いくつになるか考えましょう。
「昔々あるところにおじいさんとおばあさんがいました。おばあさんは、
2つのきび団子を作りました。その後、さらに3つ作りました。」

2 + 3 = 5……。

❷答えを計算する

 「でも、その後、急にお腹がすいてきたので、1つ食べてしまいました。」
さて、きび団子の数はいくつになるでしょうか？　（挙手・指名）

 4です！

そうです。
式が言える人はいますか？

 2 + 3 − 1 という式になります。

ADVICE! ・はじめのうちは、おはじきなどの教具を机に置きながら行います。
・慣れてきたら、3つの数の計算になるようにします。

数字あそび⑤

85 算数絵本作り
学んだことを絵本にまとめよう！

ねらい 学んだことを日常生活へ関連付ける

❶算数の絵本を作る

今日は、算数の絵本を作ります。
算数の時間に学んだことを使って、4コマの絵本にまとめましょう。
例えば、このように。
1 「はな子さんは、4さつの本をもっていました。」
2 「3さつともだちにかしてあげました。」
3 「はな子さんは、いまなんさつの本をもっているでしょうか。」
4 「しき 4－3＝1。こたえ 1さつ。」

なるほど。やってみたいな。

❷できた絵本を読み合う

まずは、言葉を考えます。書けた人は絵を描きます。
絵が描けた人は、色を塗りましょう。色も塗れた人は、
友だちの作品を見てみましょう。

かわいい絵本ができたよ！

見せて。わ〜、すごい！

ADVICE！ ・1年間を通して続けると、学びを1冊にまとめることができます。4コマに分けた画用紙を、たくさん印刷しておくといいでしょう。

86 習った計算を素早くやろう！
歩き算数オニごっこ

ねらい 楽しく足し算や引き算の計算をする

❶歩きながらオニごっこをする

 歩きながらオニごっこをします。
オニは、逃げている人をタッチしたら、算数の問題を出します。
5秒以内に答えられなければ、アウトです。オニを交替します。

 4足す3は？

 ……7！　セーフだ！

❷いろいろな問題を出す

 2足す6は？

 え……。

 アウト！　交替だよ！

 （活動後）では、そこまでにしましょう。1度もオニにならなかった人はいますか。（挙手）
すごいですね。計算力がついていますよ！

ADVICE!　・回を重ねるごとに、4秒、3秒、2秒と秒数を短くしていくといいでしょう。

計算あそび②

リズムに合わせて5の合成！
87 ごままんじゅう
ねらい 楽しく5の合成の計算をする

❶5を作る計算をする

 みんなで一緒に「ごーままんじゅうごままんじゅう！」と言います。先生がある数字を言いますので、5になるように数字を続けてみてください。練習してみましょう。さん、はい。ごーままんじゅうごままんじゅう！　3足す！

 2で！

 ごままんじゅう！　できましたね。

ごーま まんじゅう ごま まんじゅう！

3足す！

2で！

❷だんだんテンポをはやくする

 では、ここから本番です。だんだんはやくなりますよ。ごーままんじゅうごままんじゅう！　4足す！

 1で！

 ごままんじゅう！（活動後）間違えずにできた人？

 は〜い！

 ちょっとだけ間違えちゃった〜。

 間違えた人は、計算の練習をがんばりましょうね。

ごま まんじゅう！

ADVICE! ・引き算ですることも可能です。「6引く」「1で」「ごままんじゅう」というように言います。

リズムに合わせて 10 の合成！

88 じゅうじゅうカルビ

ねらい 楽しく10の合成の計算をする

❶ 10 を作る計算をする

みんなで一緒に「じゅうじゅうカルビ、じゅうカルビ！」と言います。
その後、先生がある数字を言いますので、10になるように数字を続けてみてください。練習してみましょう。さん、はい。
じゅうじゅうカルビ、じゅうカルビ！　7足す！

3で！

じゅうカルビ！
このように行います。

じゅうじゅう カルビ、
じゅう カルビ！

7足す！

3で！

❷ だんだんテンポをはやくする

じゅうじゅうカルビ、じゅうカルビ！　4足す！

……6で！

じゅうカルビ！　（活動後）さあ、
間違えずにできましたか？

全部できました！

すばらしいですね。合わせて 10
にする計算は、これから様々な
場面で使いますので、必ずでき
るようにしておきましょうね。

じゅう カルビ！

ADVICE！　・みんなで手拍子をしながら進めると、リズムよく盛り上がることができます。

89 手拍子の間に計算しよう！
3つの足し算できるかな？
ねらい 3つの数の足し算ができるようになる

❶3つの数の足し算をする

 3つの数の足し算をします。
先生が問題を言います。
その後、4回手拍子をした
後、答えを言ってください。
8足す2足す1（いーちー）
は？

8足す2足す1は？

パンパン
パンパン

❷だんだん速度を上げる

 パンパンパンパン！（手拍子）
11 です！

 全員起立。
間違えたら座りましょう。
3足す7足す8（はーち）は？

 パンパンパンパン！（手拍子）
18 です！

 パンパンパンパン！（手拍子）
17 です！
あっ、しまった！

 （活動後）最後まで立っている
人に、拍手を送りましょう！

11です！

ADVICE!　・はじめの数2つを足すと10になるようにします。これなら、計算が遅い子で
も、はじめの2つが10の位になり、あとの1つを1の位として答えればいい
ことが分かります。

サッと計算でシューティング！

90 計算シューティング

ねらい 素早く計算できるようになる

❶カードに式を書く

 カードを配ります。そこに、足し算か引き算の式を書きます。
（活動後）教室を立ち歩いてペアになります。
相手の人と、「さん、はい！」の合図で、カードを見せ合います。
先に相手のカードの答えを言ったほうが勝ちです。

 勝負しようよ。

 さん、はい！

❷相手の式の答えを言う

 え〜と……。

 2！　私の勝ちね！

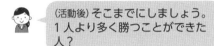 負けた〜。

 （活動後）そこまでにしましょう。
1人より多く勝つことができた
人？

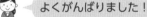 は〜い！

 よくがんばりました！

ADVICE! ・式がはやく書けた子は、2枚目、3枚目を書いてもいいことにします。
・習っていない式は書かないように伝えましょう。

道具あそび①

おはじきいくつか答えよう！
これいくつ？
ねらい 教具と数を結び付けられるようになる

❶いくつかを答える

 となりの人と、おはじきであそびます。
おはじきを握って持ち、「これいくつ？」と言いながら相手に見せます。
ペアの人は、5秒以内で、おはじきの数を答えましょう。

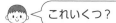 これいくつ？

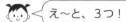 え～と、3つ！

❷おはじきを両手に持って出題する

 両手に持ってもいいですよ。

 これいくつ？

 え～……。

 5、4、3、2、1……アウト！
私の勝ち！　これは4つだよ。

 そっか～。もう1回やろう！

 （活動後）そこまでにしましょう。すべて答えることができた人はいますか？
（挙手）すばらしい！

ADVICE! ・はじめは5個までとします。慣れてきたら、10個まで持っていいことにします。

合わせていくつか考えよう！

92 トランプいくつ？

ねらい 楽しく足し算の計算をする

❶ トランプを配る

 1人に1枚ずつトランプを配ります。
「さん、はい！」の合図で、お互いのトランプを見せ合います。足した数を答えましょう。先に答えたほうが勝ちです。1分で3人に勝つことができるでしょうか。

 勝負しよう。

 さん、はい！

 え〜と……5！

 負けた！

さん、はい！

え〜と……5！

❷ 次の相手を見つけて勝負する

 いざ勝負！

 さん、はい！

 6！

 違うよ。7だよ。僕の勝ち！

 （活動後）そこまでにしましょう。3人に勝つことができた人はいますか？　（挙手）すばらしい！では、となりの人とカードを交換して、もう一度チャレンジしてみましょう。

6！

違うよ。7だよ

ADVICE！ ・大きい数から小さい数を引くことで、引き算にすることもできます。

93 鉛筆どっち?

鉛筆の長さはどっちが長い!?

ねらい 長さの比べ方を理解する

❶どちらの鉛筆が長いかを答える

 ここに、2本の鉛筆があります。どっちが長いでしょうか?
(挙手・指名) そうですね。右のほうが長いです。このように、鉛筆の長さを比べるあそびをします。となりの人と交互に、自分が持っている鉛筆2本を見せます。

どっちが長いでしょうか?

 どっちが長い?

 こっち!

 正解!

❷よく似た長さの鉛筆を出題する

 よく似た長さの鉛筆を出すといいですよ。

 どっちが長い?

 ……こっちかな?

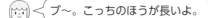 ブ〜。こっちのほうが長いよ。

 わ〜、難しい!

どっちが長い?
……
こっちかな?
ブ〜

 そこまでにしましょう。全問正解できた人?
(挙手) すばらしい目をしていますね。

ADVICE! ・筆箱の鉛筆が足りなければ、色鉛筆を使用してもいいことにします。

道具あそび④

94 時計は何時？
時計の時刻を素早く答えよう！

ねらい 時計の時刻を読み取る

❶時計の時刻を設定する

 1人に1個、時計を配ります。
ジャンケンで勝った人は、「何時に○○してるの？」と尋ねます。
「歯を磨く」「晩ご飯を食べている」など、いろいろな時刻を尋ねて
みましょう。
負けた人は、時計の針を回してその時刻に合わせて見せます。
勝った人は、時計の時刻を正しく読み取りましょう。

 ジャンケンポン。勝った！
ね〜、何時に起きているの？

 ちょっと待ってね。

❷時計を相手に見せながら時刻を答える

 この時刻だよ！

 6時5分！　早起きなんだね！

 （活動後）そこまでにします。
正しく時計の時刻を答えるこ
とができた人？

 は〜い！

ADVICE! ・この活動を通して、時計の時刻と身近な日常生活を結び付けられるように
していきます。

消しゴムが3つになったら手を挙げろ！

95 消しゴムどん！

ねらい 小さな数を素早くかぞえる

❶班で消しゴムを出し合う

「消しゴム消しゴムいちにのさん！」で手を開きましょう。
消しゴムは、持っていても、持っていなくてもいいです。
3つになったら、「どん！」と言いながら手を挙げます。
1番はやい人が勝ち。

 消しゴム消しゴムいちにのさん！

 2個だね。

消しゴム消しゴム
いちにのさん！

2個だね

❷はやく手を挙げたら勝ちになる

 消しゴム消しゴムいちにのさん！

 3個だ！　どん！

 Aさんの勝ちだね。もう1回やろう！

（活動後）そこまでにしましょう。1番多く勝つことができた人？
（挙手）よくがんばりました！

消しゴム消しゴム
いちにのさん！

3個だ！　どん！

ADVICE！　・見えないように手を出す子がいます。必ず手のひらを上にして出すようにさせます。

96 名前の数字

名前の数字は何だろう？

ねらい 名前と数字の関係性を考える

❶ 名前と数字から答えを考える

 山本くんは、2。佐藤さんは、0。では、田中さんは？

 2かな？

 答えは、0です。

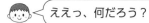 ええっ、何だろう？

❷ 教師の話し方から答えを考える

 原さんは、0。前田さんは、1。では、森川さんは？

 分かった！　1です！

 正解です。どうして1なのかな？

 唇のくっつく回数が1回だからです。

 正解です。「モリカワ」の「モ」で唇がくっつくよね。だから1回なのです。

 なるほど！

ADVICE! ・1文字ずつ区切り、唇を強調して名前を呼ぶようにすると分かりやすくなります。

97 ○の足し算

不思議な計算の仕組みを考えよう！

ねらい 数の形に注目する

❶式から答えを考える

 この問題の答えは何でしょうか？
3＋8＝？

 11 です。

 答えは、2です。

 ええっ！？

 では、次の問題。8＋6＝？
この答えは……3です。

 どうしてなのかな？

❷共通点に気付く

 では、この答えはどうなるでしょうか？　6＋2＝？

 分かった！　1です！

 正解！　理由を言ってみましょう。

 ○の数が1つだからです。

 その通り。6には、○が1つあるね。8には、2つあるね。○の数が答えだったのです。

 おもしろいな〜。

ADVICE！ ・引き算なども含めて、5問ほど黒板に書き出します。こうすることで、共通点に気付きやすくするのです。

98 模様の決まりを考えよう!
何の順番?

ねらい 模様の決まりに気付き、数字の形に関心をもつ

❶模様の決まりを考える

 この模様は、ある決まりで並んでいます。
さて、□に入る模様はどんな形でしょうか?

 何だろう?

❷□に入る模様を考える

 ヒントは、半分を隠してみることです。

 あっ! 分かった!

 分かった人は、模様を描いてみましょう。

 はい! 描けます!

 では、Aくんは描いてみてください。

 こうです!

 正解です。
みなさん、理由は分かりますか?

 左と右が、鏡でうつしたように
なっているんだね。

 その通り!

ADVICE! ・答えを伝えるときには、半分をノートなどで隠して見せると理解しやすくなります。

99 魔方陣

合わせて15になるように考えよう！

ねらい 工夫して足し算する

❶魔方陣の数字を考える

紙に9マスの形を描きます。
□の中に、1から9の数字を入れます。縦でも横でも斜めからでも、3つの数字を合わせると15になるようにします。
さて、どうすればいいのでしょうか？

う〜ん。……どの数字を入れればいいのかな？

3つの数字を合わせると15になるようにします

❷ヒントを元にして答えを探る

真ん中に入る数字は、必ず決まっているね。何だろう。

真ん中は、ちょうど間の数字だから、5だと思います。

そうだね、5だね。

あっ！ できた！

私もできた！

いろいろな答えがあります。できた人は、ほかのやり方を探してみましょう。

真ん中に入る数字は、必ず決まっているね

あっ！できた！

ADVICE！

・なかなか進まない場合は、途中まで一緒に進めます。「ここから先を考えてごらん」と言うようにして、自力解決に挑戦させます。
・解答は8通りあります。

パズルクイズあそび⑤

100 ○×ゲーム
○と×で勝負しよう！

ねらい 戦略的に思考する

❶ ○と×で勝負をする

井戸の「井」を書きます。この中に、○と×を書き込みます。
ジャンケンで勝ったほうが○、負けたほうが×です。
交替しながら、1つずつマスの中に書き込んでいきます。
3つつながったほうが勝ちです。

僕からだね。○……。

真ん中をとるよ。×……。

❷3つつなげられるように考える

はい、○……。

チャンス！　×！

あ〜、負けちゃった〜。
もう1回やろうよ！

（活動後）そこまでにします。
絶対に負けない自信のある人
はいますか？
（挙手・指名）
前に出て代表して勝負しても
らいましょう。

ADVICE！　・はじめは黒板で何度か見本をやってみせるとイメージがわきます。

101 1から10つなぎ

1から10まで進めるかな？

ねらい 1から10までの数字をつなぐ

❶紙に1から10までの数字を書く

紙を配ります。紙の中に1から10の数字を書いて、1つずつ○で囲みます。それらを、1から順番に線でつなぎます。(黒板で図示)
このように、すべての数字をつなぐことができるでしょうか？
となりの人に出す問題を考えます。紙の中に、1から10までの数字を書き、1つずつ○で囲みましょう。

難しい問題を作るぞ！

難しい問題を作るぞ！

❷となりの人の問題を解く

では、となりの人と紙を交換しましょう。

これ、難しいな～。

あっ、進めなくなっちゃった～。

やった～！　できたよ！

くやしいな～。

終わったペアは、裏面にもう1問作って解き合ってみましょう。

やった～！できたよ！

くやしいな～

ADVICE!　・消しゴムで消すと消し跡がややこしくなります。消しゴムはできる限り使用禁止とするのがいいでしょう。

「言うことをきいてもらえる先生」の条件

　どこの学校でも、子どもに「言うことをよくきいてもらえる先生」と、「あまり言うことをきいてもらえない先生」とがいるようです。

　子どもは、気まぐれで言うことをきかないわけではありません。

　両者には、ある違いがあります。

　それは、言葉が違うのです。

　子どもが行動したときにかける言葉や言い方が、まったく異なるのです。

　子どもが言うことをきくときには、3つの共通点があります。

①自分のしたことや言ったことが受け入れられる
②楽しさ、喜び、安心感など、心に「快」をもたらす満足感が味わえる
③分かりやすく具体的に指示される

　上手い教師が投げかける言葉の中には、必ずそれらが入っています。

　キーポイントは、「まるごと受け入れる」「満足感をあたえる」「するべきことを具体的に言う」、この3つです。

　子どもたちにかける言葉の中に、これらの要素が入っているならば、子どもは教師のほうを向くはずです。

　あそびをやるにあたっては、様々な動きや発想、アイディアが生まれます。これらを、それぞれに認めましょう。分かりやすく指示を出し、子どもの心に「快」を生み出せるようにします。

　1年生あそびは、教師と子どもをつなぎ、子どもと子どもをつなぎ、クラスを1つにします。ただし、実施にあたっては、上記の3つのポイントができているかを心がけながら行うようにしましょう。

おわりに

　　１年生の担任をしていたときのことです。

　　ある朝、教室に入ってみると、ガランとしていてだれもいません。

　　１人の子がやってきて言いました。

　「先生、みんな外にいるよ！」

　　外へ出てみると、みんなが校舎の壁を見上げていました。

　「あそこに、おっきなカマキリがいるんだ！　でも、届かなくて……」

　　見ると、確かに壁に大きなカマキリがはりついていました。でも、ずいぶん高いところにいます。私はこう声をかけました。

　「よし、肩車しよう！　ほら、Ａくん、肩にのって！」

　「分かった！　えい、えい！」

　「がんばって！」と、みんなが応援の声を上げました。腕を伸ばすこと３分ほどで、ようやくＡくんの手がカマキリをとらえました。

　「やった、とれたー！」

　　子どもたちは、両手を挙げて、跳び上がって喜びました。

　　教室にあるカゴに入れて、みんなで育てることになりました。

　　大人から見れば小さな発見でも、子どもにしてみれば大きな大きな出来事なのです。

　　１年生の子どもにとって、学校での生活は、はじめてのことだらけ。

　　１年生の担任は、「世界の不思議と出合う瞬間」に立ち会える、尊い仕事だと感じられます。

　　学年最後の懇談会で、保護者の方が次のように伝えてくれたことがありました。

　「違う地域からこの学校に来て、不安に思うこともありました。でも、『今日も楽しいあそびをやったよ！』って、家で教えてくれるんです。すごく安心しました」

　　あそびは、子どもと保護者の安心感を生み出すものになります。

　　楽しませながら、１年生として学ぶべきことを教えることができるのです。

　　本書が、幼稚園・保育園と小学校をつなぎ、よりよい学校生活をつくることに貢献できれば幸いです。

　　2021年2月

　　　　　　　　　　　　　　　　　　　　　　　三好真史

著者紹介

三好真史（みよし しんじ）

1986年大阪府生まれ。
堺市立小学校教諭。
教育サークル「大阪ふくえくぼ」代表。
メンタル心理カウンセラー。
著書に『子どもがつながる！　クラスがまとまる！
学級あそび101』（学陽書房）、『教師の言葉かけ大
全』（東洋館出版社）などがある。

学校が大好きになる！　小1プロブレムもスルッと解消！
1年生あそび101

2021年 3月 25日	初版発行
2024年 2月 9日	6刷発行

著者	三好真史
装幀	スタジオダンク
本文デザイン・DTP制作	スタジオトラミーケ
イラスト	榎本はいほ
発行者	佐久間重嘉
発行所	株式会社 学陽書房
	東京都千代田区飯田橋 1-9-3　〒102-0072
	営業部　TEL03-3261-1111　FAX03-5211-3300
	編集部　TEL03-3261-1112　FAX03-5211-3301
	http://www.gakuyo.co.jp/
印刷	加藤文明社
製本	東京美術紙工

©Shinji Miyoshi 2021, Printed in Japan
ISBN978-4-313-65426-6　C0037

● 「あそび101」シリーズ

子どもがつながる！
クラスがまとまる！
学級あそび101

三好真史 著
◎ A5判228頁　定価1760円（10%税込）

準備なしで気軽に教室ですぐに取り組めるカンタン学級あそび集。子ども1人ひとりの距離を縮めながら、自然なつながりを引き出すコミュニケーションあそびが満載です。すべてのあそびが、低・中・高学年に対応！

読み書きが得意になる！
対話力がアップする！
国語あそび101

三好真史 著
◎ A5判140頁　定価2090円（10%税込）

「もっと書きたい」「もっと読みたい」「もっと話し合いたい」……子どもが夢中になって言葉の世界をグングン広げていくことができるあそび集。お馴染みのしりとりや辞書を使ったゲーム、作文ゲーム、話し合いゲームなど、楽しく取り組みながら国語が大好きな子どもを育む一冊です！

体育が苦手な教師でも必ずうまくいく！

マット・鉄棒・跳び箱 指導の教科書

三好真史 著

体育科指導の最難関とも言われる器械運動は、3ポイントと5ステップを押さえれば必ずうまくいく！　運動がじつは苦手という先生でも不安なく指導できる具体的方法が学べる本書。基本の技はもちろん、安全を確保する補助の仕方、つまずいている子へのアドバイスなどが分かりやすいイラストとともに学べて、どの子からも「できた！」が引き出せます！

◎ A5判 192頁　定価 2200円（10%税込）